Karl-Theodor zu Guttenberg/Giovanni di Lorenzo

# Vorerst gescheitert

Karl-Theodor zu Guttenberg
im Gespräch mit
Giovanni di Lorenzo

# Vorerst gescheitert

Wie Karl-Theodor zu Guttenberg seinen Fall
und seine Zukunft sieht

HERDER

FREIBURG · BASEL · WIEN

Redaktionelle Mitarbeit: Jan Patjens

Satz: Barbara Herrmann, Freiburg
Herstellung: GGP Media GmbH, Pößneck

Printed in Germany

ISBN 978-3-451-30584-9

# Inhalt

Kapitel 3
Politik und Parteien

Kapitel 4
Gegenwart und Zukunft

## Vorwort

Karl-Theodor zu Guttenberg sagt, er habe sich wenigstens seinen Abschied aus Deutschland etwas unauffälliger gewünscht. Es war ein Augusttag am Flughafen Tegel, vor dem Schalter von Air Berlin. Seine Frau war schon nach Amerika geflogen, nun wollte der Rest der Familie nachkommen, von New York aus weiter nach Connecticut fahren, wo das Ehepaar Guttenberg mit seinen beiden Töchtern mittlerweile schon seit einem Vierteljahr lebt. Das Problem waren zwei Hunde, einer davon eine mehr als 60 Kilo schwere Dogge. Guttenberg, nur notdürftig durch eine Baseballmütze getarnt, versuchte, die Tiere in die für den Flug vorgeschriebenen Käfige zu bugsieren, aber die Hunde dachten nicht daran, sich auch nur einen Schritt in diese Richtung zu bewegen.

Inzwischen hatte sich, wie bei einem Boxkampf, eine stattliche Menge von Schaulustigen um ihn, seine beiden Töchter und die Hunde herum gruppiert, der ehemalige Bundesminister war längst erkannt worden. Guttenberg hatte ein Beruhigungsmittel dabei, aber er traute sich vor so vielen Menschen, die schon eifrig fotografierten, nicht, es den Hunden zu verabreichen. Er habe, sagt er, in diesem Moment nur eins gedacht: »Das ist die einzige Schlagzeile, die uns noch fehlt: Guttenberg schläfert seine Hunde ein.«

Also fragte er in die Runde, ob es geboten sei, das Mittel einzusetzen. »Mach' mal«, kam es von einem Zuschauer zurück. In der Aufregung, sagt Guttenberg, habe er es mit der Dosierung wohl übertrieben, die Dogge jedenfalls lag wie vom Schlag gerührt auf dem Boden und bewegte keine Pfote mehr. Zu dritt schoben sie dann die Hunde in die Käfige, wobei die Töchter dem Vater immer wieder zuraunten, wie peinlich diese Situation doch sei.

Diese Anekdote erzählte Karl-Theodor zu Guttenberg am dritten Tag unseres Interview-Marathons, der in der zweiten Oktoberhälfte in einem Londoner Hotel stattfand. Es war der einzige heitere Exkurs, und die Geschichte kam ihm auch erst über die Lippen, als wir schon auf dem Rückweg zum Flughafen Heathrow waren. Guttenberg hatte keine einzige inhaltliche Bedingung für das Gespräch gestellt (das notwendigerweise auch ein Streitgespräch geworden ist), aber er hatte mit Sicherheit unterschätzt, was es für ihn bedeuten würde, den Skandal um seine Dissertation, dazu noch den märchenhaften Aufstieg, der ihm vorausging, in allen Details noch einmal aufleben zu lassen. Man merkte das am Gesprächsfluss, der immer wieder stockte und neu belebt werden musste. Guttenberg sieht heute auch anders aus als zu Beginn dieses Jahres, als er noch Bundesverteidigungsminister war. Er trägt keine Brille mehr, vor allem aber wirkt er älter; in sein Gesicht hat sich ein harter Zug eingegraben.

Wiederholt äußerte er am Rande der Gespräche, ein paar Mal auch während des Interviews, dass er »gezeichnet«, ja sogar ein wenig »traumatisiert« sei. Um gleich wieder die Angst zu äußern, dass man ihm dies als larmoyant auslegen oder ihm gar vorwerfen könnte, er würde die in seinen Augen ungleich schlimmere Traumatisierung, die Bundeswehrsoldaten bei ihrem Einsatz in Afghanistan erfahren hätten, relativieren. Er weiß, dass er jetzt kein Mitleid zu erwarten hat: Zu eklatant war sein Verstoß gegen die Gebote wissenschaftlicher Arbeit, zu verheerend der Umgang mit der Affäre, zu groß die Enttäuschung über ihn, auch in Kreisen, die ihn bis dahin bewundert hatten.

Guttenbergs erstes öffentliches Bekenntnis seit seinem Rücktritt am 1. März ist ein Versuch geworden, das Unbegreifliche an seiner Doktorarbeit besser fassbar zu machen. Es ist eine Reflexion seiner persönlichen und politischen Entwicklung, zu der auch jenseits der Dissertation einiges gehört, was bis heute Fragen aufwirft. Es ist aber auch das Zeugnis eines Mannes, der zu den größten politischen Talenten in Deutschland zählt und der nie aufgehört hat, ein homo politicus zu sein. Es ist unmöglich, dieses Interview so zu lesen, als wolle sich Guttenberg in Zukunft nicht mehr in die Politik einmischen. In welcher Form und wann genau er das tun wird, lässt er noch offen.

Kein Zweiter polarisiert inzwischen so sehr wie Guttenberg, in den Medien überwiegt deutlich die Ablehnung. Doch wer beobachtet hat, wie Deutsche sogar in London spontan auf ihn reagieren, kann gar nicht umhin festzuhalten, dass viele an seinem Werdegang Anteil nehmen und sich offenbar noch einiges von ihm versprechen.

Wer also die Rückkehr des Karl-Theodor zu Guttenberg auf die politische Bühne befürchtet, der fürchtet sich nach diesem Buch vermutlich völlig zu recht.

Giovanni di Lorenzo, im November 2011

Kapitel 1
# Aufstieg und Fall

## »Die größte Dummheit meines Lebens« – Die Dissertation

**Herr zu Guttenberg, seit Ihrem Rücktritt haben Sie alle Interviewanfragen abgelehnt. Nun haben Sie plötzlich eingewilligt und einen engen Zeitrahmen abgesteckt: Sie wollen, dass dieses Gespräch noch vor Jahresende erscheint. Warum diese Eile?**

Es sind viele Menschen auf mich zugekommen, die mir gegenüber sehr positiv eingestellt sind, die aber noch viele Fragen an mich haben, vor allem mit Blick auf die Affäre um meine Dissertation. Mir war es wichtig, diese Fragen zu einem Zeitpunkt zu beantworten, an dem meine Erinnerung noch klar genug ist, bevor man also beginnt, die Dinge selbst zu verwischen.

**Ist das für Sie jetzt eine Sache von Wochen?**

Nein, keine Sache von Wochen. Aber es haben sich in den letzten Monaten Dinge aufgestaut, auch in der selbstkritischen Reflexion dessen, was geschehen ist. Ich wollte mich allerdings nicht früher äußern, weil ich zugegebenermaßen etwas Distanz brauchte.

**Welche Fragen sind es denn, die Ihnen die Wohlmeinenden stellen?**

Es ist vor allem die Frage, wie es bei jemandem, dessen politische Arbeit man sehr geschätzt hat, zu einer so unglaublichen Dummheit wie dieser Doktorarbeit kommen konnte. Die Menschen, auch Freunde und Bekannte, wollen wissen, was die Gründe dafür waren, dass jemand einen solchen unbegreiflichen Fehler gemacht hat. Und ich hatte noch nicht die Möglichkeit, diese Fragen in aller Offenheit zu beantworten.

*Was können Sie denn jetzt in aller Offenheit sagen?*

Es steht völlig außer Frage, dass ich einen auch für mich selbst ungeheuerlichen Fehler begangen habe, den ich auch von Herzen bedaure. Das ist in dieser sehr hektischen Zeit damals auch ein Stück weit untergegangen. Ebenso, wie man sich damals bereits entschuldigt hat.

*Sie reden von sich selbst in der dritten Person, Sie sprechen davon, dass »man sich damals bereits entschuldigt hat.« Ist es für Sie schwierig zu sagen: »Ich bitte um Entschuldigung«?*

Nein, im Gegenteil. Das wurde mir schon mal vorgeworfen, dass ich die dritte Person gebrauche. Faktisch ist das ein ich. Das »man« soll auch keine Distanzierung bedeuten. Es ist ein anerzogener Sprachgebrauch, der sich bei mir wahrscheinlich über die Jahre hinweg eingeschliffen hat, der eine gewisse Form von Zurückhaltung zum Ausdruck bringen soll und den man zu Recht kritisieren kann. Tatsächlich bedaure *ich*, tatsächlich habe *ich mich* damals entschuldigt, da habe ich auch nicht von »man« gesprochen. Tatsächlich bin *ich* verantwortlich für das, was ich im Leben richtig und gelegentlich falsch gemacht habe.

*Sie haben die Frage, die Ihnen so oft gestellt wird, noch nicht glaubhaft beantworten können: Wie konnte es zu dem kommen, was Sie einen »ungeheuerlichen Fehler« nennen?*

Der Fehler war bereits relativ früh angelegt. Ich habe im Jahr 1999 mit einer Doktorarbeit begonnen, und schon damals war eine Doppelbelastung absehbar: Ich bin bereits während des Studiums von der Familie erheblich mit in die Pflicht genommen worden, in unserem Unternehmen. Ich habe mit meinem Doktorvater Peter Häberle über diese Doppelbelastung gesprochen, und wir waren beide der Meinung, die Dissertation sei trotzdem zu schaffen. Im Jahr 2001 habe ich mich dann entschieden, in die Politik zu gehen, und bin diese Herausforderung mit voller Kraft angegangen. Darunter hat natürlich die Beschäftigung mit der Doktorarbeit sehr gelitten.

Was heißt das?

Das heißt, dass es nach einer Anfangsphase, in der ich mich intensiver mit der Dissertation beschäftigt habe, plötzlich Zeiträume von mehreren Monaten bis zu einem Jahr gab, in denen ich mich teilweise überhaupt nicht mehr mit dieser Arbeit befasst habe und im Grunde immer wieder von vorne anfangen musste. In dieser Zeit ist bereits ein grundlegender Fehler angelegt, nämlich meine Arbeitsweise.

Wie haben Sie gearbeitet?

Ich war ein hektischer und unkoordinierter Sammler. Immer dann, wenn ich das Gefühl hatte, dass etwas zu meinem Thema passt, habe ich es ausgeschnitten oder kopiert oder auf Datenträgern sofort gespeichert oder direkt übersetzt.

Wie sind Sie denn dabei vorgegangen? Haben Sie Copy und Paste gedrückt und die Bausteine abgespeichert? Oder haben Sie die Zitate eigenhändig eingetippt?

Ganz unterschiedlich, in allen Formen. Ich habe Dinge abgeschrieben und in den Computer eingegeben; ich habe Kopien gemacht, abgelegt und gesagt, das wird später noch bearbeitet. Oder ich habe es sofort bearbeitet. Später habe ich gewisse Textstellen auch mal aus dem Internet herausgezogen, auch diese abgespeichert, wieder auf unterschiedlichen Datenträgern. Eigentlich war das eine Patchworkarbeit, die sich am Ende auf mindestens 80 Datenträger verteilt hat.

### 80 Datenträger?

Ich habe für jedes Kapitel eine Diskette angefertigt, ich habe unterschiedliche Ordner angefertigt, ich habe über die Jahre hinweg auf vier unterschiedlichen Computern gearbeitet, die an unterschiedlichen Orten waren. Übersetzungen habe ich manchmal auf langen Flügen vorgenommen. Ich habe auf Reisen an der Dissertation gearbeitet, manchmal in Universitätsbibliotheken oder wenn ich bei einem Think-Tank unterwegs war. Irgendwann hatte ich einen Wust an Informationen, der allerdings, abgesehen von den Gliederungspunkten, keinerlei innere Ordnung mehr hatte.

### Und was genau war Ihrer Meinung nach der Fehler?

Ich habe insbesondere am Anfang, aber auch später den Fehler begangen, dass ich auf diesen Datenträgern sowohl an eigenen Texten gearbeitet als auch fremde Texte übernommen habe. Ich wollte diese Quellen später entsprechend aufarbeiten. Tatsächlich ist das nur sehr mangelhaft geschehen. Das ist etwas, was sich über die Jahre hinweg aufgebaut hat. Ich hatte einen großen Text- und Gedankensteinbruch, habe immer mal wieder von Datenträger zu Datenträger gewechselt, eigene und fremde Texte nach Themen aufgegliedert und an unterschiedlichen Stellen als Rohlinge geparkt. Ich habe nie chronologisch, sondern immer an einem

Kapitel gearbeitet. Dann war ein Jahr Pause, und ich habe im Grunde wieder von vorn begonnen. Der größte Fehler war, dass ich den Zitaten- und Fußnotenapparat nicht gleichzeitig oder wenigstens zeitnah abgeschlossen hatte. Ich wusste offensichtlich später auch nicht mehr, an welchem Text ich selbst bereits gearbeitet hatte, welcher Text mein eigener und welcher möglicherweise ein Fremdtext war, insbesondere beim Zusammenfügen dieser Bruchstücke. In juristischen Dissertationen ist es übrigens durchaus üblich, mit vielen Fremdtexten zu arbeiten, allerdings müssen die Quellen klar gekennzeichnet sein.

*Haben Sie so von Anfang an gearbeitet, auch als Sie noch nicht in der Politik waren?*

Ja, auch in den ersten eineinhalb bis zwei Jahren, als ich sehr viel Zeit und Kraft in die Doktorarbeit investiert habe und sie für mich Priorität hatte. Mit Blick auf diese Arbeitsweise kann man mir fraglos mehrere sehr berechtigte Vorwürfe machen, die ich mir selber auch mache.

*Nämlich?*

Der erste Vorwurf ist der, dass ich während meines vollen beruflichen Engagements komplett den Zeitpunkt verpasst habe zu sagen: Ich schaffe diese Arbeit nicht mehr. Ich hatte nicht die Kraft, mir das selbst und meinem Professor gegenüber einzugestehen.

*Welches Verhältnis hatten Sie zu Ihrem Doktorvater?*

Ich mochte und mag ihn sehr. Zwischen uns ist damals ein großes Vertrauensverhältnis gewachsen. Dass ich ihm Schmerzen zugefügt habe, ist etwas, das mich tief bewegt und erschüttert.

*Hatten Sie zwischendurch nie das Gefühl, dass Sie die Doktorarbeit nicht schaffen konnten?*

Das Gefühl hatte ich zwischendurch durchaus, wenn ich merkte, dass ich jedes Mal von vorn beginnen musste. Aber ich habe den Hochmut besessen zu glauben, das schaffe ich. Ja, ich war so leichtsinnig zu glauben, dass ich das irgendwie hinbekomme, nachdem es mir ja auch gelungen war, einen einigermaßen erfolgreichen politischen Weg zu gehen. Und dann hatte ich vielleicht fälschlicherweise das Gefühl, das andere sei mit einem Federstrich auch machbar. Mir hat komplett die notwendige Selbstreflexion gefehlt. Ich hätte etwas aufgeben müssen, das bereits fehlerhaft angelegt war.

*Was ist der zweite Vorwurf, den Sie sich machen?*

Der zweite Vorwurf, der mit dem ersten zusammenhängt, ist, dass ich die Augen vor der Überforderung verschlossen habe. Das politische Leben hat mich nicht überfordert, wohl aber die parallele wissenschaftliche Arbeit. Das hätte ich sehen müssen. Nachdem ich in die Politik gegangen war, konnte ich, wenn überhaupt, nur noch in den Nachtstunden an der Dissertation arbeiten. Meine Arbeitsweise konnte man dann irgendwann nur noch chaotisch nennen. Insbesondere in der Endphase der Arbeit lag der Schwerpunkt nicht mehr auf der notwendigen wissenschaftlichen Sorgfalt, sondern auf Inhalt und Schlüssigkeit meiner Aussagen. Ich wollte mit dem Ineinanderfügen der unterschiedlichen Kapitel ein geschlossenes intellektuelles Ganzes abliefern. Ich hätte mir die wissenschaftliche Kärrnerarbeit antun müssen. Die sorgfältige Detailarbeit, gerade das korrekte Einarbeiten und Zitieren fremder Quellen, ist wiederholt unterblieben. Diese Arbeiten hätten niemals unter Zeitdruck stattfinden dürfen.

*Hat Ihnen die ganze Zeit über niemand dabei geholfen?*

Mein Doktorvater hat sicher sein Bestes versucht. Allerdings hatte ich viel zu wenig Zeit, mich mit ihm rückzukoppeln. Wir hatten zwar ein von großer Herzlichkeit geprägtes Verhältnis und eine klassische Lehrer-Schüler-Bindung, aber wenn es hoch kam, haben wir uns vielleicht einmal im Jahr gesehen.

*Ich meinte eigentlich: Hat jemand für Sie die Arbeit geschrieben, zumindest in Teilen?*

Nein, wer sollte auch? Es gab in meiner unmittelbaren Umgebung keinen Juristen und niemanden, der sich mit der Materie befasst hätte. Das war ja ein Thema, mit dem ich immer wieder konfrontiert wurde – die europäische Verfassungsentwicklung, die Fragen des Gottesbezugs, haben mich in diesen Jahren politisch begleitet. Deshalb hatte ich immer wieder Ansatzpunkte, um zu sagen: Ich mach das Ding doch weiter! Ein wesentlicher Fehler war, dass ich mir nicht eingestanden habe, damit überfordert zu sein. Das hatte sicherlich auch mit Hochmut zu tun und mit einem gerüttelt Maß an Eitelkeit. All das ergibt eine ziemlich verheerende Kombination.

*Die im Ernst sieben Jahre anhält?*

Ja. Natürlich hatte ich nicht das Gefühl, dass das sieben Jahre lang andauert. Wenn Sie ein Jahr lang mal wieder nicht an etwas herumschreiben, sind Sie gar nicht damit befasst. Es kommt in Ihrem Kopf gar nicht vor, es kehrt erst in dem Moment wieder zurück, in dem Sie sich wieder darauf konzentrieren oder ein motivierendes Gespräch mit Ihrem Professor führen.

Ist Ihnen bewusst, dass es selbst in Kreisen, die Ihnen wohlgesinnt sind, kaum jemand glauben kann, dass Sie Ihre Arbeit allein zusammengestöpselt haben?

Ich habe davon gelesen, und natürlich ist mir in der damaligen Zeit das Schmunzeln vergangen. Aber man hätte wahrscheinlich darüber schmunzeln müssen: Ich habe den Blödsinn wirklich selber verfasst, und ich stehe auch dazu.

Sie würden auch unter Eid und vor Gott sagen, dass das niemand für Sie geschrieben hat?

Ja, selbstverständlich. Das wiederum können meine Familie und mein unmittelbares Umfeld am allerbesten bezeugen.

Haben Sie vorsätzlich getäuscht?

Das ist der Vorwurf, der mich am meisten trifft, ein Vorwurf, dem ich begegnen will und begegnen muss: Wenn ich die Absicht gehabt hätte, zu täuschen, dann hätte ich mich niemals so plump und dumm angestellt, wie es an einigen Stellen dieser Arbeit der Fall ist.

Oliver Lepsius, der Nachfolger auf dem Lehrstuhl Ihres Doktorvaters, hat Sie schlicht einen Betrüger genannt.

Was übrigens bemerkenswert ist für einen Juristen. Es zeugt nicht von großer juristischer Kunstfertigkeit, einen Betrugsvorwurf zu zimmern, wenn jeder Jurist sofort weiß, es kann rechtlich kein Betrug sein, ganz egal, wie man zu Guttenberg steht. Ich war über diesen Herrn schon erstaunt.

Geht es hier wirklich um juristische Feinheiten?

Entschuldigung, ein Verfassungsrechtler kann doch nicht nach landläufiger Form verurteilen, er sollte schon juristisch sauber bleiben. Ich habe ja eine juristische Arbeit geschrieben. Und niemand lässt sich gern Betrüger nennen, wenn es kein Betrug ist, was im Gegensatz zu Herrn Lepsius auch die Staatsanwaltschaft klar feststellt. Die ist allerdings auch unabhängig und nicht politisch getrieben.

Angesichts des unfassbar großen Anteils an abgeschriebenen Stellen in Ihrer Dissertation hat Herr Lepsius mit Blick auf Ihre öffentlichen Erklärungen geschrieben: »Entweder er lügt, oder er ist meschugge.«

Er hat sich mehrfach sehr krass ausgedrückt, und er hat auch davon gesprochen, man sei einem Betrüger aufgesessen. Ich kann mir nicht erklären, warum er als Jurist mit solchen Begriffen um sich wirft, außer, er will Aufmerksamkeit erregen. Das ist ihm fraglos gelungen. Es gibt böse Zungen, die sagen, das macht man, um Bundesverfassungsrichter zu werden und dabei von einer politischen Seite unterstützt zu werden.

Können Sie diesen fatalen Eindruck, den man von Ihnen gewonnen hat, wirklich nicht nachvollziehen? Sie sagen, Sie hätten einfach nur chaotisch gearbeitet. Aber Ihre Arbeit ist flüssig geschrieben, systematisch gegliedert und enthält eine schlüssige Argumentation. Von Ihrem Doktorvater haben Sie dafür sogar die Bestnote bekommen. Wie passt das zusammen?

Ich habe eben diese fatale Schwerpunktverlagerung vorgenommen, weg vom Detail, hin zum großen Ganzen, so dass die Arbeit in ihrer Gesamtheit einfach schlüssig dasteht. So bin ich auch mit all den Teilen der Arbeit umgegangen, die originär aus meiner Feder stammen. Auch an denen habe ich korrigiert. Wenn jemand ein Buch schreibt, korrigiert er am Ende noch mal an seinen Fragmenten herum. Aber in diesem unglaublichen Wust von selbstgeschriebenen und fremden Fragmenten hätten die fremden Fragmente eben mit Quellenangaben sauber gekennzeichnet werden müssen.

Warum haben Sie das nicht gemacht?

Das habe ich bereits zu beantworten versucht. Und man muss auch da noch mal genau differenzieren. Es sind sehr viel mehr Quellen benannt, als letztlich behauptet worden ist. Es ist ein großer Unterschied, ob man wissenschaftlich unsauber arbeitet oder tatsächlich plagiiert. Es wird ja teilweise das Bild vermittelt, als gäbe es in dieser Arbeit Hunderte von Stellen ohne *jegliche* Quellenangabe.

»1218 Plagiatsfragmente aus 135 Quellen auf 371 von 393 Seiten« – das ist der letzte Stand der Internet-Plattform GuttenPlag Wiki.

Ich möchte jetzt nicht meine wissenschaftlichen Fehler kleinreden, es sind viel zu viele. Aber es ist auch ein gewisses Maß an Kritikfähigkeit im Umgang mit solchen Plattformen vonnöten. Es ist schon ein Unterschied, ob man eine Stelle aus einem fremden Werk komplett übernimmt und den Autor dann nirgends auftauchen lässt, oder ob man den Autor tatsächlich ins Literaturverzeichnis übernimmt und ihn, wenn auch fehlerhaft, in den Fußnoten benennt. In diesem Fall haben Sie keine Täuschungsabsicht, sonst würden Sie den Autor doch gar nicht aufführen.

Warum haben Sie die Fußnoten denn fehlerhaft gesetzt, und warum tauchen manche Autoren nur im Literaturverzeichnis auf?

Das hängt eben mit der beschriebenen Patchworkarbeit zusammen, damit, dass ich Dinge zusammengefasst, hin- und hergeschoben, immer wieder zusammengedröselt habe. Nach fünf, sechs Jahren konnte ich den Fußnoten-apparat nicht mehr richtig überprüfen: Stimmt das jetzt, ist das jetzt genau der Bezugspunkt, ist das der Text?

Die beiden Zwischenberichte, die bei GuttenPlag im Februar und im März 2011 veröffentlicht wurden, sind sehr differenziert; da werden zum Beispiel unterschiedliche Plagiats-Kategorien definiert und unverifizierte Fundstellen ausgewiesen. Vor allem sind Beispiele aus Ihrer Doktorarbeit für alle sichtbar dokumentiert. Wenn man sich eine Weile umgeschaut hat, dann fragt man sich, wie aus so vielen Puzzleteilen »aus Versehen« eine wissenschaftliche Arbeit entstehen konnte.

Noch einmal: Wenn ich geschickt hätte täuschen wollen, hätte ich es vermieden, Textstellen so plump und so töricht in diese Arbeit zu übernehmen, dass sie sich für jeden betroffenen Autor sofort erschließen, der dann zum Beispiel einen Vergleich mit seinem Werk vornimmt, das im Literaturverzeichnis sogar benannt ist. Wer die ersten Zeilen seiner Einleitung komplett aus einem Zeitungsartikel abschreibt, dann aber gleichzeitig so doof ist, die Autorin dieses Textes im Literaturverzeichnis zu benennen, der handelt nicht absichtlich, sondern aus Überforderung und weil er den Überblick verloren hat!

Sie sprechen jetzt von der Politikwissenschaftlerin Barbara Zehnpfennig. Sie hat 1997 einen Artikel in der Frankfurter Allgemeinen Zeitung veröffentlicht, in dem es um die Frage ging, ob der amerikanische Weg zur Union ein Vorbild für Europa sein könne. Sie lassen Ihre Dissertation mit dem leicht veränderten ersten Satz dieses Artikels beginnen, auch auf der zweiten Seite Ihrer Einleitung und später im Text tauchen Sätze von Frau Zehnpfennig auf.

Wenn ich hätte täuschen wollen, dann hätte ich den Teufel getan und diese Autorin im Literaturverzeichnis benannt oder ich hätte wenigstens den Text signifikant umgeschrieben. Das haben ja auch viele meiner Kritiker gesagt: Wenn der Mann einen Rest an Intelligenz hat, dann hätte er anders getäuscht.

Ist die Wahrscheinlichkeit denn so groß, dass so etwas auffliegt? In Ihrem Fall musste erst der Rechtswissenschaftler Andreas Fischer-Lescano kommen und sich Ihre Arbeit vornehmen.

Ja, die Wahrscheinlichkeit ist relativ groß, dass die Dissertation eines Abgeordneten, die in einem renommierten Verlag erschienen ist, irgendwann zum Beispiel einer Frau Zehnpfennig in die Hände fällt – allein schon, weil sie ja mit dem Thema befasst ist! Und sie wäre doch die Erste gewesen, die über die Einleitung stolpert. Dann würde sie hinten im Literaturverzeichnis nachschauen und sich selbst dort finden.

1999, als Sie mit Ihrer Doktorarbeit begannen, waren das Internet und seine Suchmaschinen noch nicht so verbreitet wie heute. Da war einem vielleicht noch nicht klar, dass in nur wenigen Jahren jeder Nutzer mit relativ einfachen Mitteln zum Plagiatsjäger werden kann.

Na ja, in den Jahren 2005 und 2006, als die Arbeit abgeschlossen wurde, war das sehr wohl bekannt.

*Wie sind die Sätze von Frau Zehnpfennig denn an den Anfang Ihrer Doktorarbeit gelangt?*

Das glaube ich sogar noch rekonstruieren zu können! Ich war damals von dem Gedanken »e pluribus unum«, »Aus vielen eines«, elektrisiert, weil er in der amerikanischen Verfassungswirklichkeit eine gewaltige Rolle spielt und wunderbar für die europäische Verfassungsidee passt. Und ich hatte damals, ganz zu Beginn meiner Beschäftigung mit der Arbeit im Jahr 1999 oder 2000, mehrere Textfragmente bearbeitet, die mit »e pluribus unum« begannen. Außerdem hatte ich selbst ein Textfragment mit diesem lateinischen Zitat entworfen, mit den jeweiligen Fußnoten, mit allem, was dazugehört. Als ich dann fünf, sechs Jahre später diese Einleitung gestalten wollte, war der Artikel von Frau Zehnpfennig ein Teil dieser unterschiedlichen Texte, und die korrekte Zuordnung war mir offensichtlich nicht mehr möglich. Ich habe diese Sätze schlicht für meine eigenen gehalten.

*Sie haben sie für Ihre eigenen gehalten?*

Ja. Ich hatte zumindest immer das Gefühl, dass es sauber bearbeitete Texte sind. Das ist ja erst mal nichts Ungewöhnliches. In jeder juristischen Arbeit gibt es Fremdtexte, die bearbeitet sind und mit Fußnoten versehen werden. Nicht immer mit Anführungszeichen, sondern zum Beispiel mit einem »vgl.« versehen. Ich habe mir mittlerweile einige Textstellen, die ich übernommen habe, noch einmal angeschaut. Und dabei festgestellt, dass einige der Autoren, deren Passage ich übernommen habe, selbst nicht ganz korrekt gearbeitet haben. Ist das nicht bizzar?

*Sie meinen, das ist akademische Praxis?*

Nicht zwingend Praxis, aber es kommt öfter vor als

manche behaupten. Aber ich will nicht vom Ausmaß meines »Gestöpsels« – so sagten Sie, glaube ich – ablenken.

Würden Sie sagen, dass das, was Sie am Ende abgeliefert haben, eine Textcollage ist?

Ich verstehe, wenn man das objektiv so sieht.

Wenn Sie so ein Textfragment auf eine Ihrer Disketten gespeichert haben – haben Sie dann nie die Quellenangaben dazugeschrieben?

Vielfach ja, und teilweise habe ich die Angaben auch schon in den Fußnotenapparat geschrieben und zum Beispiel mit einem »vgl.« versehen, obwohl es sich eigentlich um ein wörtliches Zitat handelte und Anführungszeichen notwendig gewesen wären. Ich habe die ganze Zeit über zu schlampig gearbeitet – das Nacharbeiten der Fundstellen sollte später erfolgen. Ich tröstete mich damit, dass die Quellen ja weiterhin zur Verfügung standen.

Wenn Sie nicht die Absicht hatten, Ihre Quellen zu verschleiern, warum haben Sie in den Zitaten dann immer wieder einzelne Wörter verändert?

Das ist schlicht der Schlussredaktion geschuldet. Wenn man am Ende sagt, man möchte eine Arbeit als großes Ganzes abliefern, und man hat über die Jahre unterschiedlichste Fragmente zusammengestellt, dann geht man da zum Schluss eben noch mal sprachlich drüber, wie über einen Aufsatz.

Ging es Ihnen nicht eher darum, die Quelle leicht zu verfremden?

Unsinn! Wenn ich etwas verschleiern wollte, würde ich es so verfremden, dass es niemand merkt. Das dürfen Sie mir durchaus zutrauen.

Hatten Sie nie den Gedanken, das ist eine so schöne Formulierung, die übernehme ich jetzt einfach mal, wird schon nicht auffallen? Ist Ihnen das völlig fremd?

Nein, natürlich ist mir dieser Gedanke nicht fremd. Aber ein schöner Gedanke sollte in einer wissenschaftlichen Arbeit sauber zitiert werden. Die Lust, von diesem und jenem Dinge zu übernehmen, die hatte ich nicht. Ich wollte einfach nur mit der Arbeit fertig werden und mich nicht mehr erneut mit all den Details befassen, weil ich geglaubt habe, das genügt und das reicht. Aber es reichte eben nicht.

Wissen Sie, dass fast die gesamte wissenschaftliche Gemeinde, die sich von Ihrem Fall sehr getroffen fühlt, Ihnen nicht glaubt?

Ich äußere mich doch hier zum ersten Mal umfassend über die Hintergründe. Zudem haben mich auch aus der – zu Recht sehr aufgebrachten – wissenschaftlichen Gemeinde zahlreiche aufmunternde Zurufe erreicht. Zurufe, die meinen bis dahin gegebenen Erklärungen Glauben schenkten und die meine Entschuldigung annahmen. Aber: Die bisher wirkungsvollste Verurteilung wurde wissenschaftlich verpackt und von manchen leider für ein unabhängiges Urteil gehalten.

Sie spielen auf die Kommission »Selbstkontrolle in der Wissenschaft« der Universität Bayreuth an, die zu dem Schluss gekommen ist, Sie hätten »die Standards guter wissenschaftlicher Praxis evident grob verletzt und hierbei vorsätzlich getäuscht«.

Ja. Und dazu muss man einige Dinge feststellen: Der erste Teil der Aussage ist grundsätzlich richtig, ebenso wie die daraus folgende Aberkennung des Doktortitels. Der zweite Teil, ich hätte vorsätzlich getäuscht, bringt höflich formuliert ein Ziel zum Ausdruck, das die Universität von Anfang an verfolgt hat. Ich durfte dieses Urteil ja bereits der Presse entnehmen, bevor ich überhaupt eine Stellungnahme abgeben konnte. Die Universität war in dieser Sache leider nicht unabhängig, wie etwa die Staatsanwaltschaft, sondern immer Partei. Sie hat durch mich und meine Arbeit mindestens einen Ansehensverlust erlitten; das ist etwas, was ich nicht kleinrede, um Himmels Willen! Aber man muss deswegen nicht Regeln und den Schutz von Persönlichkeitsrechten über Bord werfen, wie das nicht ich, sondern hochrangige Professoren festgestellt haben. Offensichtlich ging es aber um den drohenden Verlust von Forschungsgeldern, was das Vorgehen rechtfertigen sollte. Zudem saß in der eigentlichen Kommission lediglich ein Jurist, der Rest waren unter anderem Naturwissenschaftler und ein Psychologe, hinzu kamen noch externe Berater. Das ist zumindest bemerkenswert, weil es ja um die Beurteilung einer juristischen Arbeit ging. Dieser Umstand hat bei vielen Akademikern zu Recht Stirnrunzeln ausgelöst. Die Beantwortung der Frage, ob jemand vorsätzlich oder nicht vorsätzlich handelt, ist etwas, was gewisse juristische Grundkenntnisse voraussetzt. Mal abgesehen davon, dass die Universität diese Bewertung eigentlich gar nicht hätte vornehmen dürfen, weil ihr nach der richtigen Aberkennung des Doktortitels die rechtliche Zuständigkeit fehlte. Dass die Arbeit der Kommission hoch kritikwürdig war, ist nichts, was ich erfinde. Das haben selbst Angehörige der Universität Bayreuth festgestellt.

Sie bestreiten die Legitimation der Kommission? Und wer waren die Professoren, auf die Sie sich berufen?

Das Ergebnis der Kommission ist jedenfalls keines, das in der akademischen Landschaft als allgemeingültig dasteht; es gab zahlreiche Zuschriften und Leserbriefe, gerade von Akademikern, die gesagt haben, so kann man nicht begründen, so kann man nicht vorgehen. Selbst der ehemalige Vizepräsident der Universität Bayreuth, Professor Walter Schmitt-Glaeser, hat das Vorgehen seiner Alma Mater auf das Schärfste beanstandet. Ich habe überhaupt kein Problem damit, mich aufs Härteste kritisieren zu lassen für meine unsäglich schlechte wissenschaftliche Arbeit. Aber ich bin nicht bereit, mir von einer Kommission, die noch nicht einmal mehrheitlich mit Juristen besetzt gewesen ist, eine rechtlich relevante vorsätzliche Täuschung vorwerfen zu lassen.

*Warum haben Sie dem Bericht dann nicht widersprochen?*

Weil der öffentliche Druck viel zu hoch war. Nochmals: Eigentlich hätte es gar nicht mehr zu einer solchen Überprüfung kommen dürfen. Sowohl nach der Satzung der Universität als auch nach dem Gesetz war mit der Rücknahme des Doktortitels das Verfahren gegen mich abgeschlossen. Bemerkenswert war auch, dass das Urteil der Kommission von Anfang an feststand. Bevor sie mich gehört hat, hat mich die Universität über Durchstechereien an die Medien bereits wissen lassen, wie das Endergebnis ausfallen wird.

*Sie haben ja auch erwogen, juristisch dagegen vorzugehen.*

Nein, das war eine Falschmeldung. Ich wurde von Anwälten beraten, das ist normal, aber ich wäre nicht juristisch gegen die Universität vorgegangen. Das wäre öffentlich auch nicht zu bestehen gewesen.

*Warum sind Sie nicht zur mündlichen Anhörung der Kommission gegangen, obwohl Sie das zunächst angekündigt hatten?*

Ich habe mein Recht zur schriftlichen Stellungnahme wahrgenommen. Zur mündlichen Anhörung bin ich nicht gegangen, weil nach dem bisherigen Vorgehen damit zu rechnen war, dass ein öffentliches Tribunal daraus wird. Leider sind eben im Vorfeld einige Male, trotz gegenteiliger Versprechen, manche Dinge an die Öffentlichkeit gegeben worden.

Sie sprechen der Kommission die juristische Kompetenz ab. Im Bericht wird aber durchaus juristisch argumentiert: Das Gremium geht »in Anlehnung an die allgemein anerkannte Rechtsprechung der Verwaltungsgerichte zu Promotionsangelegenheiten davon aus, dass sich der Täuschungsvorsatz aus der Quantität und Qualität der objektiven Verstöße gegen die Standards guter wissenschaftlicher Praxis, also aus objektiven Indizien, herleiten lässt.«

Ja. Hier wird eine Indizien-Annahme aufgestellt, aber sie wird nicht sauber begründet.

Aber die Conclusio ist doch eindeutig: »Herr Frhr. zu Guttenberg hat (...) vorsätzlich gehandelt, also die Falschangaben bewusst getätigt bzw. sich die Autorschaft ›angemaßt‹, was bewusstes Vorgehen voraussetzt. (...) Die Anzahl der einzelnen Plagiate und der Umstand, dass von anderen Autoren stammende Werke (ohne deren Namen hinreichend präzise oder überhaupt zu nennen) immer wieder, teilweise nur minimal geändert, verwendet wurden (...), lassen nur den Schluss auf vorsätzliches Handeln von Herrn Frhr. zu Guttenberg zu.« Besonders gut lässt sich das nach Auffassung der Kommission an den von Ihnen übernommenen Ausarbeitungen des wissenschaftlichen Dienstes des Deutschen Bundestages nachvollziehen. Was ist also nicht sauber begründet?

Da muss man jetzt schon etwas differenzierter herangehen. Man kann Qualität und Quantität der Übernahmen doch auch genau umgekehrt sehen, als einen Beweis dafür, dass es eben gerade kein bewusstes Vorgehen ist! Gottlob wurde mir dies von Professor Schmitt-Glaeser und anderen attestiert. Ich kann dem immer wieder nur entgegenhalten, dass jemand, der vorsätzlich und bewusst handelt und mit einem Rest an Intelligenz ausgestattet ist, zwingend anders vorgehen würde.

Das verstehe ich immer noch nicht: Wer so viel abschreibt und in seine Arbeit übernimmt, muss sich dessen doch bewusst sein! Das muss einem doch an irgendeiner Stelle mal auffallen!

Es ist einfach nicht richtig, dass Hunderte von Passagen übernommen worden sind, ohne einen Autor zu nennen. Die Autoren sind in überwältigender Mehrheit genannt, im Literaturverzeichnis und in den Fußnoten. Die Fußnoten sind nur einfach dramatisch schlecht und falsch gesetzt. Ich habe hanebüchene wissenschaftliche Fehler gemacht, aber daraus kann man nicht auf einen Vorsatz schließen. Es waren nur wenige Autoren, die in der Arbeit überhaupt nicht genannt sind.

Weitere Indizien für bewusstes Plagiieren sind laut Kommission »Umformulierungen des Textes, die Umstellung der Syntax, die Verwendung von Synonymen sowie einzelne Auslassungen; auch sie deuten auf den Willen des Doktoranden hin, die Übernahme fremder Texte zu verschleiern«.

Darauf habe ich bereits mehrfach verwiesen. Das ist doch das, was jeder macht, der einen Text bearbeitet oder einen Text schreibt: dass er insbesondere in einer Schlussredaktion, wenn er noch mal über eine Arbeit drübergeht, die Syntax verändert oder einzelne Wörter austauscht.

Daraus auf einen Vorsatz zu schließen, zeigt, dass man zu diesem Ergebnis kommen wollte. Und sich leider nicht wirklich starker Argumente bediente.

Es sind auch Strafanzeigen gegen Sie eingegangen, die Staatsanwaltschaft in Hof hat ermittelt. Warum dauert das Verfahren aus Ihrer Sicht so lange?

Die Staatsanwaltschaft Hof hat – wie mir berichtet wird – zügig und gründlich gearbeitet und soll bereits im Juni mit ihren Ermittlungen fertig gewesen sein und die Einstellung des Verfahrens vorgeschlagen haben. Weshalb das Verfahren seitdem gehalten wurde, entzieht sich bislang meiner Vorstellungskraft und Kenntnis. Und ich bin deshalb der Letzte, der sagt, da läuft eine politische Intrige oder Einfluss von oben. Es kann ja auch sein, dass so eine Akte einfach irgendwo klebt ...

Stimmt das Gerücht, dass Sie das Verfahren mit einer Strafzahlung rasch beenden wollten? Laufen Sie damit nicht Gefahr, ein Schuldeingeständnis abzugeben?

Das Gerücht ist – wieder einmal – völliger Blödsinn. Sie geben doch bereits die Antwort. Das Ziel war doch kein Strafbefehl, sondern eine Einstellung. Und eine solche ist, selbst unter Auflagen, nicht mit einer Strafzahlung oder einem konkreten Schuldvorwurf verbunden oder zu verwechseln. Eine etwaige Auflage dient lediglich der Erledigung des Verfahrens und hat keinerlei Bestrafungscharakter.

Sie bleiben bei der Verteidigungslinie, die Sie schon im Februar und März dieses Jahres verfolgt haben: Sie reden von einem Fehler, ...

... von einem ungeheuerlichen Fehler. Das ist doch keine Verteidigungslinie, sondern ein Eingeständnis!

*... aber nie von einem Plagiat.*

Nein, weil es auch nicht *ein* Plagiat ist. Ich habe nicht einfach das ganze Buch eines anderen abgeschrieben und zu meinem Buch erklärt.

*Wenn man fremdes geistiges Eigentum verarbeitet, es nicht kennzeichnet und das Ergebnis als sein eigenes Erzeugnis ausgibt, ist das kein Plagiat?*

Lassen Sie uns bitte auch saubere Bezeichnungen nutzen. In dem von Ihnen geschilderten Fall könnte es sich um eine strafbewehrte Verletzung von Urheberrechten handeln. Eine solche wäre es aber nur, wenn man vorsätzlich vorgegangen wäre. Wenn man eine unerträgliche Anhäufung von wissenschaftlichen Fehlern macht, weil man überfordert ist, dann ist das für mich etwas anderes. Ich komme zu dem Ergebnis, dass meine Arbeit sehr mangelhaft ist. Man darf auch nicht alle Fehler, die ich gemacht habe, über einen Kamm scheren. Es ist doch ein großer Unterschied, ob Sie einen fremden Text komplett übernehmen, ohne ihn zu kennzeichnen, oder ob Sie einen Text sehr wohl kennzeichnen, sich dabei aber nicht besonders geschickt, klug und wissenschaftlich korrekt anstellen. Bei GuttenPlag ist das alles als Plagiat geführt worden.

*Es wird da sehr genau zwischen mehreren Plagiatstypen unterschieden.*

Ja, aber Sie müssen auch eingestehen, dass, insbesondere in Ihrer Zunft, oft keine Unterscheidungen mehr getroffen wurden. Am Ende wurde einfach jede Stelle als Plagiat bezeichnet.

Um es noch einmal auf den Punkt zu bringen: Sie sagen, Ihr Fehler bestehe darin, dass Sie nicht korrekt zitiert hätten.

Nicht allein. Sondern in meiner gesamten damaligen Arbeitsweise. Dazu stehe ich auch. Ich habe kein Problem damit, von der größten Dummheit meines Lebens zu sprechen. Womit ich ein Problem habe ist, mir Absicht zu unterstellen, weil ich sie nicht hatte. Es gibt ja bei jedem Menschen mal eine Phase, wo er die notwendige Sorgfalt vermissen lässt oder mal fünf gerade sein lässt. Bei mir war diese Phase sicher zu lang, mit den entsprechenden Folgen. Aber das hat nichts mit Absicht zu tun.

In Ihrer Rücktrittserklärung haben Sie gesagt: »Ich habe wie jeder andere auch zu meinen Schwächen und Fehlern zu stehen. Zu großen und kleinen im politischen Handeln, bis hin zum Schreiben meiner Doktorarbeit. Und mir war immer wichtig, diese vor der Öffentlichkeit nicht zu verbergen. Deswegen habe ich mich aufrichtig bei all jenen entschuldigt, die ich aufgrund meiner Fehler und Versäumnisse verletzt habe. Und ich wiederhole dies auch ausdrücklich heute.« Gehört zu einer Entschuldigung nicht auch, dass man eindeutig benennt, was man getan hat?

Ja, und das habe ich auch gemacht. Und das tue ich auch jetzt. Dass dies nicht einfach in zwei Sätzen geht, spüren Sie in unserem Gespräch. Ich habe mich in meiner Rücktrittserklärung direkt und ausdrücklich entschuldigt. Bei allen, die ich enttäuscht habe. Und das waren viele. Von manchem wird es einem ja als Schwäche ausgelegt, wenn man sich entschuldigt, das halte ich für verrückt. Ich habe immer gesagt: Wenn ich im Leben fehle, dann muss ich auch öffentlich zu diesem Fehlen stehen. Das ist mein Anspruch. So habe ich das auch bei der Kundus-Thematik gemacht, ich glaube, das gab es vorher so noch nicht.

Was ist Ihre eigene Lebenserfahrung: Unter welchen Umständen kann man eine Entschuldigung annehmen?

Wenn man das Gefühl hat, dass der andere es ernst meint. Und dann ist es kein Können, dann ist es in meinen Augen ein Müssen.

Haben Sie schon mal eine Entschuldigung nicht angenommen?

Ja, das ist mir zweimal passiert, im Privaten. Ich hatte in beiden Fällen zunächst nicht das Gefühl, dass die Entschuldigungen von Herzen kamen. Aber nach einem klärenden Gespräch habe ich sie doch angenommen.

Sind Sie in den acht Monaten seit Ihrem Rücktritt zu keinen anderen Erkenntnissen über Ihre Arbeit gekommen?

Natürlich hatte ich mittlerweile Zeit, mich mit dieser Arbeit auseinanderzusetzen. Da muss ich zu dem Schluss kommen: Ich habe mit dem Abfassen dieser Doktorarbeit die, noch mal, denkbar größte Dummheit meines Lebens begangen. Das bedauere und bereue ich von Herzen.

»Der Wahn ist kurz, die Reu ist lang« – kennen Sie diesen Vers aus Schillers »Glocke«?

Ja. Da ist viel Wahres und Richtiges dran. Reue kann man nicht eben mal so abschütteln, das geht nicht. Und das sollte man auch nicht tun. Aber man kann damit beginnen, die Dinge innerlich abzuarbeiten. Dass ich die härtesten persönlichen Konsequenzen gezogen habe, war ein erster Schritt in diese Richtung.

Sie meinen Ihren Rücktritt von allen Ämtern?

Ja, aber auch den Entschluss, mit meiner Familie zunächst einmal woanders einen neuen Lebensabschnitt zu beginnen. Das ist ja nichts, was wir nur jubelnden Herzens machen, gerade wenn man so fest mit seiner Heimat verwurzelt ist wie wir.

*Würden Sie sagen, Sie haben jetzt einen angemessenen Preis für das bezahlt, was Sie getan haben?*

Ich glaube, ich werde noch eine ganze Weile zu bezahlen haben. Aber ich habe schon einen Preis bezahlt, ja. Der Rücktritt von allen Ämtern ist schon eine sehr, sehr weitgehende und harte Konsequenz. Zumal das Ausführen der Ämter ja wirklich nichts mit dem Verfassen der Doktorarbeit zu tun hatte.

*Sie sehen da keinen Zusammenhang?*

Es sind zwei unterschiedliche Lebens- und Arbeitsbereiche. Aber ich kann durchaus verstehen, dass jetzt Rückschlüsse gezogen werden vom Verhalten in dem einen Feld auf das Verhalten in dem anderen. Es ist allerdings nicht fair, beides so zu vermengen.

*Warum können Sie, acht Monate danach, nicht einfach sagen: Ich habe abgeschrieben?*

Ich sage es doch. Es ist nur eine Frage, *wie* man das sagt. Weil es ein Unterschied ist, ob man das absichtlich macht, oder ob das Abschreiben das fatale Ergebnis einer chaotischen und ungeordneten Arbeitsweise ist. Das ist für mich ganz wichtig, weil es auch etwas mit der eigenen Ehre zu tun hat.

*Wenn Sie sich eingestehen müssten, dass Vorsatz bestanden hat ...*

... dann würde ich es sagen!

*Wäre das für Sie nicht das Ende jeder öffentlichen Ambition?*

Ein solcher Fall kann immer das Ende öffentlicher Ambitionen sein, Vorsatz hin oder her. Aber wenn ich wüsste, dass ich das absichtlich gemacht hätte, würde ich dazu stehen. So bin ich auch erzogen worden.

*Fehler immer zuzugeben?*

Ja. Ich habe auch immer versucht, das in meiner politischen Laufbahn zu tun.

*Haben Sie sich in diesen Monaten irgendwann mal unter der Bettdecke die Frage gestellt, ob Sie nicht auch einer Selbsttäuschung unterliegen könnten?*

Selbstverständlich ist das eine Frage, die man sich stellt, wenn man flächendeckend als Lügner und Betrüger bezeichnet wird. Und umso genauer muss man sich überprüfen. Ich komme aber zu dem Ergebnis, das ich Ihnen gerade erläutert habe. Auch das ist wahrlich kein Ruhmesblatt. Ganz nüchtern betrachtet, glaube ich auch, das ich es mir leichter machen würde, wenn ich mich hinstellte und sagte: Ich habe das absichtlich gemacht. Dann würde nämlich, nach allen Regeln dieses Geschäfts, irgendwann der Vorhang fallen und die Sache als abgeschlossen gelten. Mit der Erklärung, die ich abgegeben habe und die für viele holprig klingen mag, mache ich es mir sicherlich schwerer.

*Ist es Ihnen wichtig, in Zukunft als ein aufrichtiger Mensch zu gelten?*

Ja natürlich, ich glaube, das ist jedem Menschen wichtig. Das ist auch der Grund dafür, dass ich Absicht auch zugegeben hätte, wenn ich sie denn gehabt hätte.

Kann jemand, der Aufrichtigkeit und Geradlinigkeit zu seinen Markenzeichen gemacht hat, überhaupt zugeben, dass er nicht aufrichtig und geradlinig gehandelt hat?

Gerade dann muss er es zugeben.

Ist das kein Dilemma?

Nein, das ist der Anspruch an mich selbst, einen Fehler, den ich gemacht habe, auch offen zu benennen.

## »Plötzlich bekam ich die volle Breitseite ab« – Der »Fall« und die Medien

Konnten Sie gut schlafen, nachdem Sie Ihre Dissertation abgegeben hatten? Oder hatten Sie das Gefühl, da lauert etwas?

Nein, dieses Gefühl hatte ich nicht. Sonst hätte ich an dem Tag, an dem ich mit den Plagiats-Vorwürfen konfrontiert wurde, auch nicht so dumm und töricht reagiert.

Sie haben die Vorwürfe zunächst als »abstrus« bezeichnet.

Ja, das war sicherlich eine unglaublich blöde Äußerung, die aber gleichzeitig zeigt, dass ich mir der Tragweite der Fehlerhaftigkeit meiner Arbeit einfach nicht bewusst war. Sonst hätte ich anders reagiert.

Wie beurteilen Sie heute Ihre Äußerungen in jenen Tagen im Februar 2011?

Das Krisenmanagement dieser Tage war verheerend.

Wie kam es dazu? Sie haben es doch immer so gut verstanden, mit den Medien und der Öffentlichkeit umzugehen!

Es war eine Zeit, in der ohnehin relativ hoher politischer Druck herrschte, und die Wucht dieser Welle hat mich voll getroffen. Plötzlich bekam ich die volle Breitseite ab, auch von denjenigen, die mich schon immer attackieren wollten und es jetzt konnten. Überraschung und Ohnmacht haben sicherlich dazu geführt, dass ich teilweise völlig falsch reagiert habe. Eigentlich habe ich in diesen Tagen immer die falsche Option gewählt.

*Wie haben Sie die Chronologie der Affäre in Erinnerung?*

Ich war auf Dienstreise in Polen und bekam mittags eine Meldung von meinem Sprecher. Es hieß, es seien Unregelmäßigkeiten in meiner Doktorarbeit aufgetaucht, die Süddeutsche Zeitung räume mir bis 15 Uhr Zeit für eine Stellungnahme ein. Das war ein Ultimatum, das zumindest grenzwertig war: Auf einer Dienstreise in so kurzer Zeit auf so etwas zu reagieren, ist schlicht unmöglich.

*Waren Sie beunruhigt?*

Nein, ich habe mir keine weiteren Gedanken gemacht. Ich dachte, im Zweifel ist das jetzt so eine Revolver-Geschichte. Wie gefährlich die Sache war, habe ich erst am nächsten Tag verstanden, als die Geschichte lang und breit auf der Seite zwei der Süddeutschen Zeitung aufgemacht war. Das war am Mittwoch, dem 16. Februar. Da befand ich mich gerade kurz vor der Abreise nach Afghanistan.

*Diese Reise war schon länger geplant gewesen?*

Ja, diese Reise war schon länger geplant. In Afghanistan wurde mir dann immer wieder berichtet, wie sich die Geschichte der SZ zum Selbstläufer entwickelte. Als ich hörte, dass auch die Frankfurter Allgemeine Zeitung aufgesprungen war und online über die Sätze von Frau Zehnpfennig im ersten Absatz meiner Einleitung berichtete, war ich wie vom Donner gerührt. Da habe ich gedacht, das kann doch nicht wahr sein, in welchem falschen Film befinde ich mich hier eigentlich? Das hat mich dazu gebracht, mich unmittelbar nach meiner Rückkehr mit der Bundeskanzlerin in Verbindung zu setzen.

*Es war Ihr Wunsch, sich mit ihr zu treffen?*

Ja. Ich habe ihr in diesem Gespräch meinen Rücktritt angeboten. Das war am Donnerstagabend, einen Tag, nachdem diese Vorwürfe öffentlich wurden.

*Warum wollten Sie zurücktreten, wenn Sie sich doch keiner Schuld bewusst waren?*

Weil ich das Gefühl hatte, dass die Sache eine Dynamik bekommt, der ich nach all den Angriffen der vorangegangenen Wochen nicht mehr gewachsen sein würde und ich auch meine Familie aus der Schusslinie nehmen wollte. Ich war mir nur zu bewusst, dass dieser Fall, wie man im Medienjargon so schön sagt, ein unglaublicher Aufreger ist und dass er wahrscheinlich eine lange Spur ziehen wird. Ich hatte das Gefühl, da kulminiert jetzt alles, was in den Monaten zuvor vorgefallen ist, Kundus, Gorch Fock, der Druck wegen der Bundeswehrreform, da folgt jetzt ein Vorwurf auf den anderen. Mein Rücktrittsangebot wurde aber abgelehnt.

*Hat Frau Merkel Ihnen Mut gemacht?*

Ja, und sie hat mein Angebot mit sehr klaren Worten abgelehnt.

*Wann haben Sie sich das erste Mal auf die Vorwürfe konzentriert und in Ihre Doktorarbeit geschaut?*

Erst danach. Ich hatte ja in Berlin gar kein Exemplar

meiner Dissertation zur Hand und musste erst mal schauen, wo ich eins herbekomme. Ich habe gleich am Mittwoch jemanden beauftragt, mir meine Arbeit zu schicken, aber ich hatte erst Donnerstagabend, nach dem Gespräch mit der Kanzlerin, die Chance, die Vorwürfe zu sichten.

*Und trotzdem kam es am Freitag dann zum nächsten kommunikativen GAU?*
Ja, ich wollte an diesem Freitag vor die Presse treten und meine damalige Sicht der Dinge schildern, die allerdings sehr rudimentär war, weil ich mich wirklich noch nicht richtig mit der Doktorarbeit befassen konnte und mir meiner Fehler noch nicht bewusst war. Ich hatte morgens Termine und bin gegen zehn, halb elf ins Ministerium gefahren. Dort wurde mir mitgeteilt, dass auf der anderen Seite des Gebäudes eine Pressebelagerung stattfindet. Daraufhin habe ich gesagt, gut, dann gebe ich jetzt eine Stellungnahme zur Doktorarbeit im Ministerium ab. Ein paar Minuten später kam die schreckliche Meldung herein, dass in Afghanistan bei einem Anschlag auf einen Posten der Bundeswehr mindestens ein deutscher Soldat gefallen ist und mehrere schwer verwundet worden sind. Zwei weitere deutsche Soldaten erlagen wenig später ihren Verletzungen. Wenige Stunden vorher hatte ich die Männer und Frauen dieser Einheit noch im Außenposten auf meiner Afghanistanreise gesehen und gesprochen. Die Nachricht vom Tod und den Verwundungen war ein fürchterlicher Moment.

*Wie haben Sie da entschieden?*
Ich habe mir erst einmal ein Bild über das Geschehen in Afghanistan gemacht. Und dann habe ich gesagt: Am

heutigen Tag müssen die Soldaten vorgehen; das ist, im Vergleich zur Doktorarbeit, einfach wichtiger. Aber draußen standen ja nun die ganzen Journalisten, die etwas zur Dissertation hören wollten. Deshalb habe ich gesagt, bringt sie rein, dann mache ich schnell die Stellungnahme, und dann können wir uns wieder um die Soldaten kümmern. Ich habe in diesem Moment wirklich nicht daran gedacht, dass zeitgleich auch die Bundespressekonferenz stattfinden würde.

In der Ihr Sprecher Steffen Moritz den versammelten Hauptstadtjournalisten erklärte, der Minister werde »in den nächsten Minuten vor einigen ausgewählten Medienvertretern, die vor dem Ministerium gewartet haben, eine Erklärung abgeben«. Können Sie verstehen, dass die Kollegen da verärgert waren?

Ja, die gesamte Situation war höchst unglücklich, weil sich die Journalisten in der Bundespressekonferenz, die den Hintergrund nicht kannten, veralbert vorkamen. Die haben dann den Saal verlassen; das habe ich gleich erfahren – und noch in derselben Stunde ein Entschuldigungsschreiben an den Vorsitzenden der Bundespressekonferenz geschrieben. Das wiederum ist auf wenig fruchtbaren Boden gefallen; aber das zu beurteilen steht mir nicht zu.

Die Erklärung, die Sie im Ministerium abgegeben haben, war recht forsch im Ton. Sie haben gesagt, Sie wollten auf die Führung des Doktortitels verzichten, aber nur »vorübergehend«, bis die Überprüfung der Universität Bayreuth abgeschlossen sei. Es folgte der selbstbewusste Nachsatz: »Anschließend werde ich ihn wieder führen.«

Ich habe zu diesem Zeitpunkt immer noch nicht gewusst, wie fehlerhaft meine Doktorarbeit ist.

*Sie haben zu diesem Zeitpunkt noch gedacht, der politische Gegner instrumentalisiert die Enthüllungen über Ihre Doktorarbeit, um Ihren politischen Projekten zu schaden?*

Ja, ich dachte, man sucht da einen persönlichen Vorwand. Deshalb habe ich später auch gesagt, und dazu stehe ich heute noch: Leute, das Persönliche darf nicht die politische Verantwortung überlagern, die Verantwortung für Menschenleben. Das hat mich an diesem Freitag getrieben.

*Am Wochenende haben Sie dann endlich in Ihrer Arbeit lesen können?*

Ja. Ich war in Berlin und hatte Zeit, mich damit zu befassen. Parallel dazu habe ich mir natürlich angeschaut, was im GuttenPlag Wiki zutage gefördert wurde.

*Und?*

Ich musste erst mal rekapitulieren, wann ich mich mit welchen Stellen in welcher Form befasst hatte und habe am Anfang noch geglaubt, dass das eine Sache ist, die sich auf ein paar Stellen beschränken wird. Aber dann gab es Stellen, die waren unerklärlich, und vor allem die Sache mit der Einleitung war katastrophal. An diesem Wochenende dämmerte mir, dass das Ausmaß sehr viel größer ist – und dass meine Stellungnahme vom Freitag höchst problematisch war.

*Trotzdem hatten Sie am folgenden Montag, wir sind jetzt beim 21. Februar, auf dem Valentinstreffen der CDU in Kelkheim wieder einen sehr selbstbewussten Auftritt.*

Dort bin ich selbstbewusst aufgetreten, weil es ein Wahlkampfauftritt war, auch für die hessische CDU. Ich habe die Veranstaltung aber zum Anlass genommen, um mich öffentlich zu entschuldigen und habe gesagt, dass ich bereit bin, den Doktortitel komplett zurückzugeben, nicht nur vorübergehend.

Sie haben sich auch mit einer oberfränkischen Wettertanne verglichen, die so schnell nichts umhaut.

Ja, eine Tanne, die in den zwei, drei Jahren zuvor schon viele starke Stürme erleben durfte.

Hatten Sie da noch den Vorsatz, im Amt zu bleiben, oder haben Sie weiter über den Rücktritt nachgedacht?

Angesichts der Wucht der Debatte, die ja auch die Nachricht von den gefallenen Soldaten vollständig überlagerte, hatte ich nahezu täglich den Gedanken: Das ist nicht durchzuhalten.

Was haben denn die gefallenen Soldaten mit den Fehlern in Ihrer Doktorarbeit zu tun?

Diese Frage muss ich eher umgekehrt stellen: Wie kann es sein, dass ein privates Versäumnis eines Ministers die Meldung über mehrere gefallene Soldaten in Afghanistan komplett überlagert? Dass der Minister im Grunde nicht mehr in der Lage ist, die Aufmerksamkeit auf die wesentlichen Dinge seines Amtes zu lenken, weil die gesamte Aufmerksamkeit auf seiner Doktorarbeit ruht? Unter diesen Bedingungen können Sie Ihr Amt nicht mehr ausführen.

Ist Ihnen niemals in den Sinn gekommen, dass Sie den Eindruck erwecken könnten, hier instrumentalisiert jemand die Soldaten, um von der Doktorarbeit abzulenken?

Nein, im Gegenteil. Dieser Vorwurf ist, wenn man mich kennt, bodenlos. Ich habe mir gesagt, wenn ich noch eine Aufgabe habe, dann ist es die, den Anschlag auf die Soldaten anständig aufzuarbeiten, mich darum zu kümmern, dass man sie würdevoll zu Grabe trägt, und dafür zu sorgen, dass dieses Ereignis nicht überlagert wird von einer Debatte über den Minister. Und es war mir wichtig, in dieser Woche, in der die Trauerfeier für die Soldaten stattfinden sollte, die Würde des Amtes zu wahren.

*Wer hat Sie in diesen Tagen beraten?*

Wahrscheinlich gab es zu viele Ratschläge, die sich zum Teil diametral widersprochen haben. Einige rieten mir, stehen zu bleiben und mich überhaupt nicht auf die Debatte mit der Doktorarbeit einzulassen; andere meinten, ich solle den Doktortitel sofort niederlegen und unbedingt weitermachen; wieder andere hielten einen Rücktritt für die beste Lösung. Das war alles gut gemeint, aber es hat nicht dazu beigetragen, dass es für mich leichter wurde.

*Sie waren überfordert?*

Ich habe enorm unter Druck gestanden und fühlte mich in dieser Situation ohnmächtig. Man kann sagen: Jemand, der nicht in der Lage ist, einen solchen Druck auszuhalten, ist auch für das politische Geschäft nicht gemacht. Ich räume das trotzdem offen ein. Der Druck hat mich überwältigt, ich hatte am Ende nicht mehr die Kraft, um weiterzukämpfen.

*Noch mal zurück zu Ihrem Auftritt in Kelkheim. Sie haben da nicht nur von der Tanne gesprochen, Sie haben auch der »Hauptstadtpresse« einen mitgegeben und ein bisschen Sympathie erkennen lassen für Thilo Sarrazin – was hat Sie da geritten?*

Der Auftritt ist vor dem Hintergrund des riesigen Drucks, unter dem ich stand, zu sehen. Er war sicher kein glücklicher, aber ein kämpferischer Auftritt. Vielleicht kann man das als ein nochmaliges Aufbäumen verstehen – das Aufbäumen einer bereits angefällten oberfränkischen Tanne.

*Was hat Ihnen Ihre Frau in dieser Phase geraten?*

Meine Frau war für mich fraglos die größte Stütze, die ich hatte. Aber sie war ähnlich hin- und hergerissen zwischen den verschiedenen Ratschlägen wie ich. Am Ende ging es darum, ob ich bereit gewesen wäre, mich nur wegen des Amtes auf persönliche Kompromisse einzulassen, die ich nicht für richtig gehalten hätte.

*Was meinen Sie damit?*

Ich hätte ja eine Formulierung finden können, die unterwürfig genug erscheint, um im Amt bleiben zu können. Solche Vorschläge gab es auch.

*Wenn Sie also zum Beispiel gesagt hätten: »Ich gebe zu, das Ganze ist ein Plagiat«?*

Ja, es gab Leute, die gesagt haben, dramatisier' doch das Ganze und sag einfach ganz offen: »Selbstverständlich habe ich absichtlich abgeschrieben, etwas Dümmeres ist mir in meinem ganzen Leben nicht passiert.« Dann hätte ich sagen können, ich bin jetzt in Sack und Asche gegangen und werde mein Amt weiter ausführen. Aber das hätte für mich an Selbstverrat gegrenzt. Es war nicht weniger dumm, was ich gemacht habe mit der Doktorarbeit, aber es war komplexer als ein bloßes Abschreiben.

Am Mittwoch mussten Sie dann im Bundestag Rede und Antwort stehen. Wie haben Sie das erlebt?

Manches ist wie im Film an mir vorbeigezogen. Das war einer der erniedrigendsten und bittersten Momente, die ich bisher erleben musste. Auch wegen der Art der Auseinandersetzung war es unglaublich schwierig, ruhig zu bleiben. Die Angriffe haben ein Ausmaß angenommen, wie man es selten im Bundestag hört. Es war nicht leicht zu akzeptieren, dass das Präsidium nicht eingeschritten ist.

Sie fühlten sich unfair behandelt?

Ja. Aber ich habe mir in diesem Moment auch noch mal gesagt, dass ich offen Stellung nehmen muss zu dem, was ich falsch gemacht habe. Deshalb habe ich mich auch vor dem Bundestag entschuldigt. Aber das ist ebenfalls untergegangen in der Berichterstattung.

Gibt es Abgeordnete, denen Sie an diesem Tag etwas bleibend übel genommen haben?

Ich habe mir darüber noch keine Gedanken gemacht. Ich weiß, dass ich im Zweifel nie so mit Kollegen umgehen würde, wie es einige mit mir gemacht haben. Ich bin aber grundsätzlich kein nachtragender Mensch.

Dietmar Bartsch hat gesagt: »Früher wusste der Adel, was an so einer Stelle zu tun ist.«

Bartsch hat sich am nächsten Tag per Handschlag im Beisein von Kollegen bei mir entschuldigt.

Haben Sie die Entschuldigung angenommen?

Ja.

Nach dieser Bundestagssitzung haben Sie noch eine Woche lang durchgehalten.

Nicht ganz. Dass ich bis zum Freitag durchhalten würde, war für mich klar. Da war das Begräbnis der Soldaten, und es war mir ein persönliches Anliegen, daran teilzunehmen.

Ihnen war aber da schon klar, dass Sie danach zurücktreten würden?

Nein, am Wochenende ging es mir ähnlich wie an den Tagen zuvor: Ich war hin- und hergeworfen zwischen der Verantwortung, die ich für die Soldaten und die Bundeswehrreform hatte, und der wachsenden Notwendigkeit die Konsequenzen zu ziehen. Man darf an sich selbst keine anderen Maßstäbe anlegen, als man sie von anderen erwartet.

Sie wussten immer noch nicht, was Sie tun sollten?

Nein. Es gab die gleiche Vielfalt an Stimmen wie vorher. Aber ich merkte allmählich, dass ich über meine körperlichen und psychischen Grenzen schon hinausgegangen war.

Haben Sie zu dieser Zeit alles gelesen, was dann über Sie geschrieben worden ist?

Alles natürlich nicht. Aber das, was mir vor Augen kam, war intensiv genug.

Es gab da den offenen Protestbrief, den Doktoranden an die Kanzlerin geschrieben haben; er wurde im Internet innerhalb von wenigen Tagen von 60.000 Menschen unterzeichnet.

Diese Unterschriftenaktion hat mich ebenso wenig kalt gelassen wie die protestierenden Menschen vor dem Ministerium. Diese waren zwar nicht so viele, wie letztlich behauptet wurde, aber man müsste ohne jegliche Fühler sein, wenn einen das nicht berühren würde.

Können Sie nachempfinden, dass sich viele junge Wissenschaftler, die oft unter großen Qualen an ihrer Doktorarbeit sitzen, von Ihnen verletzt gefühlt haben?

Dieser wichtige Gedanke ist mir tatsächlich erst relativ spät gekommen. Aber der Vergleich ist auch schwierig: Ich habe ungeheuren Respekt vor jedem jungen Wissenschaftler, der sich dieser Arbeit unterzieht; aber bei den allermeisten ist es natürlich so, dass sie nebenbei kein politisches Mandat haben. Ich kann verstehen, wenn mancher sich gekränkt gefühlt hat, aber man muss auch faire Maßstäbe gelten lassen. Die Ausgangssituation bei meiner Doktorarbeit war anders als bei vielen anderen.

Eine alleinstehende Mutter, die für ihren Lebensunterhalt sorgen muss und nebenbei eine Dissertation schreibt, hat es doch genauso schwer wie Sie damals!

Diese Mutter liefert eine großartige Leistung ab, das steht völlig außer Frage. Aber die Mehrzahl der 60.000 Unterzeichner hat nicht mit solchen Bedingungen zu kämpfen. Trotzdem: Ich verstehe jeden Einzelnen, der sich auf den Schlips getreten fühlte und der seiner Wut oder Enttäuschung Luft machen wollte. Zu diesen Emotionen hat mit Sicherheit auch die eine oder andere Äußerung aus dem politischen Umfeld beigetragen.

Sie meinen die Äußerung von Angela Merkel, sie habe Sie als Minister bestellt, nicht als wissenschaftlichen Assistenten.

Diese Worte waren gut gemeint und als Rückendeckung für mich gedacht, nicht als Angriff auf die Wissenschaft. Aber die Wirkung auf die Wissenschaftsgemeinde war natürlich hart.

Die Unterstützung der Kanzlerin war allerdings an eine Bedingung geknüpft: Sie galt nur, solange keine neuen Erkenntnisse ans Tageslicht kamen.

Das habe ich so gar nicht mehr empfunden, da fehlte mir in dieser Situation die Sensibilität.

Aber die Kritik aus der eigenen Partei müssen Sie doch mitbekommen haben? Annette Schavan, Wolfgang Böhmer, Norbert Lammert, das waren die drei, die sich bis zum Montag vor Ihrem Rücktritt geäußert hatten. Hat das gesessen?

Es waren zum Teil bemerkenswerte Äußerungen, die da kamen. Zumindest mit zwei der drei Genannten hatte ich ja regelmäßig zu tun. Für mich wäre es in einer so angespannten Situation eine Frage des Anstandes gewesen, den anderen vorab darüber zu informieren, dass eine solche Äußerung kommt.

Am Montag waren Sie in München bei der Vorstandssitzung der CSU. Wie ist man Ihnen da begegnet?

Da war Unterstützung festzustellen. Allerdings war ich schon so geschwächt, dass ich möglicherweise selbst nicht mehr den besten Eindruck hinterlassen habe.

Am Dienstag, dem 1. März, dann Ihre Rücktrittsrede. Hatten Sie die eigentlich selbst verfasst, oder hat da jemand mitgewirkt?

Die Rede habe ich selbst geschrieben. Da haben einige draufgeschaut, aber das ist mein eigener Text, der könnte ureigener nicht sein.

Er enthält also keine Plagiatsfragmente?

Nein. Es gab einige Stimmen, die mir im Vorfeld gesagt haben, was ihrer Meinung nach in einer solchen Erklärung stehen müsste. Und solche Ratschläge haben sicher an der einen oder anderen Stelle auch Einzug gefunden. Aber diese Erklärung gibt vollständig meine Gefühlslage wieder und meine Gedankenwelt. Und von diesen Worten habe ich bis heute nicht eine Silbe zurückzunehmen. Das ist bis heute passend, was ich da gesagt habe.

Sie erwähnten in der Rede erneut die in Afghanistan getöteten und verwundeten deutschen Soldaten.

Ja. Von ganzem Herzen. Es ging mir um die Soldaten. Ich wollte deutlich machen, dass an einem Tag, an dem ein solcher Anschlag wie der in Afghanistan am 18. Februar stattfindet, gewährleistet sein muss, dass die Soldaten im Mittelpunkt der Aufmerksamkeit sind. Wenn es an einem solchen Tag aber nicht mehr um die Toten und Verwundeten geht, sondern um die Person des Verteidigungsministers, dann ist dieser Minister fehl am Platz.

Was haben Sie nach Ihrer Rücktrittserklärung gemacht?

Da war ich bei meiner Familie. Aber ich weiß kaum noch, wie das abgelaufen ist; ich war im Wesentlichen damit beschäftigt, die Erschöpfung aufzuarbeiten. Meine Frau hat dafür gesorgt, dass nicht so viele Zeitungen an mich herankamen.

Haben Sie da noch aufmunternde Anrufe bekommen?

Sehr viele. Das Ausmaß der freundschaftlichen Zurufe ist etwas, das mich bis heute anrührt. Das war mehr, als ich je erwarten konnte. Es ist fast eine Welle der

Sympathie entstanden. Die mehreren Hunderttausend Unterstützer auf Facebook waren und sind überwältigend. Das Büro hat nach 20.000 Briefen aufgehört zu zählen, und E-Mails gingen noch viel mehr ein.

Und fast alle positiv?
Zu 90 Prozent.

Die Leute, die Sie angerufen haben, waren das auch Leute aus dem politischen Betrieb?
Ja. Es waren auch einige Leute aus dem journalistischen Betrieb dabei, die sich sehr kritisch über die Medien geäußert haben.

Seltsam, dass man von denen so wenig gelesen hat.
Das entspricht offensichtlich auch gewissen Gesetzmäßigkeiten.

Aus Ihrem engsten Kreis war damals zu hören, dass Sie wahrscheinlich mehr Kraft gehabt hätten durchzuhalten, wenn nicht gerade von konservativen Zeitungen so massive Kritik gekommen wäre.
Die »Welt« war noch vergleichsweise fair.

Waren Sie überrascht von der Heftigkeit der Kritik in der FAZ?
Das hatte schon etwas Boulevardeskes.

Ich habe gehört, dass Sie an dem Tag, als Sie unterwegs nach Afghanistan waren und die Vorwürfe wegen Ihrer Doktorarbeit publik wurden, ...
... da hatte ich Herrn Kohler von der FAZ dabei.

Ja, einen ihrer Herausgeber. Möglicherweise hat er damals den Eindruck gewonnen, als machten Sie sich über diese Vorwürfe lustig.

Nein, also das ist nun wirklich Unsinn! Ich fand diese Vorwürfe alles andere als lustig. Aber ich hatte an diesem Tag das Ausmaß noch nicht begriffen, und das hat man mir sicherlich angemerkt. Abgesehen davon weiß man nie, welche Eindrücke man bei wem hinterlässt. Auch ich habe mich über manches gewundert, was vertraulich gesprochen wurde und später zu lesen war.

Sind Sie in der Zeit nach Ihrem Rücktritt von Paparazzi bedrängt oder verfolgt worden?

Bis aufs eigene Grundstück.

In Berlin-Charlottenburg oder in Guttenberg?

In Guttenberg und in Berlin, ohne Rücksicht auf die Kinder und in einer Form, die ich bislang noch nicht erlebt hatte. Selbst nach meinem Umzug in die Vereinigten Staaten sind die Fotografen dort vor unserem neuen Haus aufgetaucht. Das ist zwar vielleicht nicht justiziabel, aber es verstößt wohl gegen den journalistischen Komment.

Hat sich dadurch Ihr Verhältnis zur Boulevardpresse verändert, mit der Sie bis dahin so eng verbandelt waren?

Nein. Ich wusste auch vorher schon, dass der Boulevard nicht immer ein Ort segensreicher Berichterstattung sein kann. Aber es waren nicht allein Boulevardjournalisten, sondern auch Reporter namhafter Wochenmagazine unterwegs, um mein neues Privatleben auszukundschaften.

Wenn Sie all das erlebt haben, dann verstehe ich nicht, warum Sie und Ihre Familienmitglieder nach Ihrem Rücktritt fast ausschließlich mit der BILD-Zeitung und der BUNTEN zusammengearbeitet haben. Ihre Frau hat der BILD das erste Exklusiv-Interview gegeben, Sie haben gemeinsam die BILD-Redaktion in New York besucht und sich am Ground Zero ablichten lassen. Wieso immer noch diese Bindung an den Boulevard?

Am 11. September 2011 war es mir wichtig, am Ground Zero ein transatlantisches Zeichen zu setzen, das auch in den USA entsprechend wahrgenommen wird. Und es wurde entsprechend wahrgenommen, wobei mir sehr bewusst war, dass das in Deutschland Kritik auslösen würde. Aber die Aussagen zu 9/11, die ich da getroffen habe, waren ganz nüchtern und alles andere als boulevardesk. Das ist der eine Punkt. Der Grund für das Interview meiner Frau war ein anderer. Bei unserem Umzug nach Amerika wurden wir von den Medien verfolgt. Das ging so weit, dass ein Fotograf sich in Berlin vor unserem Haus in unseren Umzugswagen gesetzt hat.

Es war ein Fotograf im Umzugswagen?

Ja. Und vor diesem Hintergrund hat meine Frau das Interview gegeben. Es war schlichtweg ein Schutzinterview. Wir wollten einmal in einer Zeitung, die breit rezipiert wird, ein bisschen was preisgeben, um etwas Ruhe in unser Leben, vor allem in das Leben unserer Kinder zu bringen.

Würden Sie sagen, dass Sie am Ende zum Opfer der Medien geworden sind?

Meine wissenschaftliche Verfehlung kann und darf man unbedingt sehr kritisch sehen, das ist in Ordnung. Aber es hat an Verhältnismäßigkeit gemangelt, wenn gleichzeitig meine ganze politische Arbeit verteufelt wurde. Das sind Dinge, die man voneinander trennen muss. Und dass da mitunter eine fröhliche Vermengung stattgefunden hat, das ist etwas, was man unter Fairness-Gesichtspunkten diskutieren kann. Mein politisches Wirken muss man schon an den jeweiligen Fakten und Gegebenheiten messen, nicht an der Doktorarbeit. Nicht zuletzt deshalb, weil ja gerade die politische Arbeit dazu führte, dass diese Doktorarbeit so, entschuldigen Sie bitte den Ausdruck, beschissen wurde, wie sie ist.

*Es gab auch den Vorwurf, Sie seien ein Blender, es mangele Ihnen generell an Seriosität.*

Der trifft mich natürlich. Und er wird ja auch gebetsmühlenartig wiederholt. Das ist einfach ein Attribut, das meinem bisherigen Leben nicht gerecht wird. Das wird unreflektiert aus blanker Bosheit genutzt. Einem Heribert Prantl wird man das nicht abgewöhnen können, der wird das sein Leben lang sagen.

*Haben Sie Prantls Geschichte über Peter Häberle in der Süddeutschen Zeitung gelesen?*

Ja.

*Hat es Sie nicht berührt, wie sehr Ihr Doktorvater von Ihnen verletzt worden ist?*

Natürlich. Aber es hat mich auch sehr gefreut, dass Häberle versucht hat, mich zu verteidigen – obwohl er missbraucht worden ist.

*Von Ihnen oder von Herrn Prantl?*

In diesem Zusammenhang von dem Redakteur als Kronzeuge gegen mich.

Hatten Sie danach noch mal Kontakt mit Herrn Häberle?
Ja.

Haben Sie das Gefühl, dass er Ihnen verzeihen kann?
Er ist ein wunderbarer Mensch. Ob er mir verzeihen kann, vermag ich nicht zu ermessen.

Hat er Ihnen auf Ihren Brief geantwortet, in dem Sie Ihr Bedauern darüber ausdrücken, dass Sie ihm »Ungemach« bereitet hätten?
Ja.

Haben Sie eine Erklärung dafür, warum manche Kritik an Ihrer Person in Ihren Augen so »unverhältnismäßig« ausfällt?
Ja, natürlich habe ich die. Es findet ja ein gerüttelt Maß an Nachtreterei statt, bis heute. Einige akzeptieren nicht, dass ich die größtmöglichen Konsequenzen gezogen habe, sondern treten einfach mit Wonne weiter. Das ist irgendwann auch eine Frage des Anstands. Manche mögen einwenden, ausgerechnet der ruft jetzt nach Anstand. – Aber ich strebe nicht nach Mitleid, das habe ich schon in meiner Rücktrittserklärung gesagt. Es wäre auch zu billig.

Können Sie sich vorstellen, dass manche jetzt ein schlechtes Gewissen haben, gerade weil sie Sie früher so hochgejubelt haben?
Vielleicht spielt das auch eine Rolle, ja. In den Monaten vor meinem Rücktritt hat mich immer der Gedanke begleitet, dass auf einen solchen Aufstieg nach allen Regeln des Geschäfts ein drastischer Absturz folgt. Ich glaube, dass eine solche Karriere bei manchen eine geradezu lustvolle Wut auslöst, es demjenigen irgendwann zu zeigen. Das ist kein Klischee, sondern entsprach durchaus der Wirklichkeit.

*Sie meinen, das ist so eine Art Automatismus?*

Ein Automatismus, zu dem ich sicherlich auch ein Stück weit mit beigetragen habe.

*Was haben Sie dazu beigetragen?*

Natürlich ist da auch ein Eigenanteil dabei, wenn man gewisse Pressemechanismen bedient hat.

*Zum Beispiel?*

Zum Beispiel wenn ich Berichte ermöglicht habe, die, sagen wir mal, auch hätten bescheidener ausfallen können. Man muss nicht am Anfang seiner Ministerkarriere einem »Stern«-Titelbild zustimmen.

*Sie haben daran mitgewirkt?*

Na ja, ich wusste jedenfalls, dass es kommt. Und ich hätte das Interview verweigern können, obwohl dann vielleicht auch ein Bericht gekommen wäre. Ich hätte sicherlich auf das eine oder andere Interview verzichten können. Auf der anderen Seite war es mir immer wichtig, auch die unbequemen Themen, die mir am Herzen lagen, mitteilen zu können – und damit wird man natürlich zur kontroversen Figur.

*Der Rechtswissenschaftler Oliver Lepsius, über den wir bereits sprachen, hat nach Ihrem Rücktritt gemeinsam mit Reinhart Meyer-Kalkus ein Buch herausgegeben, das den Titel »Inszenierung als Beruf« trägt und sich ikonographisch mit Ihnen beschäftigt.*

Ja, das ist ein weiterer Beitrag zur Genesis des Herrn Lepsius hin zum Bundesverfassungsrichter.

Meinen Sie wirklich, dass Karrieren so funktionieren?

Ich kann mir vorstellen, dass es seiner Vorstellung entspricht. Und dieses Werk liegt erwartbarerweise nicht auf meinem Nachtkästchen.

Es gab einige Schlüsselszenen in Ihrer Karriere, zum Beispiel das Foto von Ihnen in Sinatra-Pose am Broadway, als Sie noch Wirtschaftsminister waren. Können Sie sich an das Making-of erinnern?

Daran kann ich mich sogar sehr gut erinnern. Und ich würde dieses Foto wahrscheinlich heute wieder machen und mich danach wahrscheinlich wieder genauso über die Wucht der Wirkung wundern. Damals ist das aus der Situation heraus entstanden. Ich hatte einen Transatlantikflug und ein Abendessen hinter mir, bei dem ich eine Dinnerspeech gehalten hatte, das war bezeichnenderweise im University-Club. Danach bin ich mit ein paar Journalisten über den Broadway marschiert, das war so gegen Mitternacht – in Deutschland war es also schon früher Morgen. Ich habe versucht, meine Müdigkeit zu überspielen.

Viele Stunden ohne Schlaf.

Ich sage das gar nicht rechtfertigend. In dem Moment, als dieses Foto gemacht wurde, war mir nicht bewusst, welche Wirkung es haben könnte. Ich war gut gelaunt, und das Einzige, was mir danach durch den Kopf ging, war: Warum soll man nicht einfach mal ein positives Bild in dieser Wirtschaftskrise setzen, das unserer so viel kleineren, oft verzagten, fast jammernden Nation vielleicht nicht schlecht zu Gesicht steht?

Und dieses Bild wollten Sie höchstpersönlich in Sinatra-Pose abgeben?

Ich habe weder geplant, dass es hinter mir leuchtet und blinkt, noch wollte ich unbedingt so rüberkommen wie Frank Sinatra in seinen besten Zeiten – völliger Quatsch! Ich war viel zu müde, um daran zu denken. Erst als ich merkte, dass unter den Journalisten, die mich begleiteten, eine Diskussion darüber losging, ob man das jetzt hätte fotografieren dürfen, erst da habe ich mir gedacht: Holla!

Ein zweites Bild, das in Erinnerung geblieben ist: Sie stehen, mit Anzug und mit Krawatte bekleidet, mitten in einer Bundeswehrmaschine. Um Sie herum sitzen Soldaten in Kampfanzügen, Sie haben die Hände lässig in die Hüfte gestützt, und von der Seite fällt weiches Licht auf Sie. War das auch so ein spontaner Schnappschuss?

Das war tatsächlich ein kompletter Zufallstreffer! Also so ein Bild können Sie in einer Transall-Maschine gar nicht stellen, weil Sie nicht wissen wie das Licht einfällt. Ich kam, wenn ich mich richtig erinnere, als Letzter in die Maschine, und es saßen schon alle, die Soldaten und auch die begleitenden Journalisten. Und wir wollten irgendwo hinfliegen, wo ich im Anzug sein musste. Es sah natürlich seltsam aus, dass da einer im Anzug zwischen den Soldaten steht und der Lichtschein so reinkommt. Gottlob hat ja dann selbst der Fotograf gesagt, dass es ein Zufallstreffer war.

Ein drittes Bild hat sich mir eingeprägt: Sie stehen im Kampfanzug vor einem Starfighter und sehen aus wie Tom Cruise in »Top Gun«.

Okay, zugegeben: Das war ein Bild, mit dem ich Werbung für die Bundeswehr machen wollte. Das war bewusst gestellt.

*Welchen Werbeeffekt haben Sie sich erhofft?*

Es ging da schon um die Freiwilligen-Armee, und ich wollte, dass die Diskussion über die Bundeswehr zumindest anhält.

*Sie wollten eine anziehende Seite zeigen?*

Eine anziehende Seite der Bundeswehr, ja.

*Aber das Anziehende waren ja eigentlich Sie.*

Es sollte um die Bundeswehr gehen. Auch dieses Foto würde ich wieder machen. Es ging mir darum, die Bundeswehr endlich ins Blickfeld der Öffentlichkeit zu rücken. Neben vielen Dingen, die in einem politischen Leben misslingen, glaube ich, dass das gelungen ist. Über die Bundeswehr wurde in dieser Zeit gesprochen. Das ist etwas, was ich von den Soldaten immer wieder höre, bis heute.

*Das waren die drei Bilder, die mir besonders ...*

... es gab noch eins, was gerne genommen wird. Ich bin da auf einem amerikanischen Flugzeugträger vor Sizilien, habe einen Helm auf, Sonnenbrille und Puschelohren. Dümmer kann man sich nicht anziehen, wenn man ein Foto stellen will. Aber selbst da hieß es, ich hätte mich inszeniert. Das einzige wirklich inszenierte Bild war das vor dem Euro-Fighter, da habe ich auch besonders affig in die Kamera geguckt.

*Sie sind im Jahr vor Ihrem Rücktritt achtmal nach Afghanistan gereist, das siebte Mal in Begleitung von Ihrer Frau und Johannes B. Kerner. Würden Sie das auch genau so wieder machen?*

Mit meiner Frau jederzeit wieder. Die Kombination mit Kerner war in den Augen vieler zu viel. Dessen Reise war über Monate geplant, das war nichts, was spontan entschieden wurde. Dass diese Fernsehsendung stattfinden sollte, war auch über Monate geplant. Auch hier werden die Dinge falsch, teilweise auch bewusst falsch dargestellt. Zum Beispiel wird bis heute behauptet, dass ich mit meiner Frau in der Sendung gewesen sei, was einfach nicht stimmt. Da war ich alleine. Und es ging nicht um Inszenierung, sondern fast durchgängig um kritische Themen: um traumatisierte Soldaten, um leidende Familien.

*Wann haben Sie entschieden, Ihre Frau mit auf die Reise zu nehmen?*

Das habe ich relativ spontan entschieden, aber auch das würde ich heute wieder exakt so machen. Wenn ich noch im Amt wäre, würde ich auch dieses Jahr an Weihnachten wieder mit ihr nach Afghanistan fliegen.

*Warum?*

Einer der emotionalsten Punkte für Soldaten im Auslandseinsatz ist der Umstand, dass sie ihre Familien nicht bei sich haben. Mit einem gemeinsamen Besuch kann man den Soldaten das Bewusstsein vermitteln, von einer Familie und einer Gesellschaft getragen zu werden. Und die Reaktion der Soldaten hat gezeigt, dass diese Vermittlung damals auch gelungen ist. Die Soldaten vor Ort fanden das großartig.

*Haben Sie gar nicht darüber nachgedacht, dass Ihnen dieser Besuch Kritik bescheren könnte?*

Zu diesem Zeitpunkt, im Dezember 2010, gab es immer Kritik, egal was ich machte. Aber ich hatte mich vorher kundig gemacht, bei den Soldaten und bei zwei, drei erfahrenen Journalisten. Die Soldaten haben sich ausdrücklich gewünscht, dass meine Frau mich begleitet. Die Journalisten haben gesagt, das kann durchaus eine Kontroverse geben, aber es wird überwiegend positiv gesehen werden. Was unter dem Strich ja auch stimmte: Der Besuch meiner Frau ist überwiegend positiv gesehen worden.

Zumindest eines billigen Ihnen Freund und Feind zu: Sie sind ein Mensch mit einem ausgeprägten politischen Instinkt ...
... oh, dieser Instinkt hat mich auch dramatisch verlassen. Zum Beispiel in der Handhabung der Affäre.

Ist sich ein Mensch mit einem starken politischen Instinkt nicht von vornherein darüber im Klaren, dass ein Auftritt mit der Ehefrau eine bestimmte Wirkung hat?
Ja, natürlich war mir das bewusst. Aber man muss dann abwägen, welche Wirkung einem in diesem Fall wichtiger ist. Mir war in dieser Phase die Wirkung auf die Soldaten am wichtigsten.

Sie waren mit Ihrer Frau auch bei »Wetten, dass ...?«, und es gibt viele Bilder, die Sie beide bei Veranstaltungen auf dem roten Teppich zeigen. Welche Wirkung wollten Sie damit erzielen?
Ich kann nur sagen, dass ich lieber mit meiner Frau zu einer gesellschaftlichen Veranstaltung gehe als alleine, das ist ein ganz simpler Punkt. Ich habe die Nähe meiner Frau einfach gern, zumal bei solchen Veranstaltungen, die auch sterbenslangweilig sein können. Das würde ich weiterhin so handhaben. Ich bin derzeit aber sehr froh, auf rote Teppiche verzichten zu können, weil ich die Zeit mit meiner Frau lieber anders verbringe.

Aber geht man nicht auch zu »Wetten, dass ...?«, weil es einem schmeichelt und der Eitelkeit guttut? Als Politiker muss man ja dort nicht zwingend auftreten.

Nein, man muss als Politiker nicht zwingend zu »Wetten, dass ...?« gehen, und man kann sich im Nachhinein auch fragen, ob das tatsächlich nötig war. Heute würde ich sagen, dass es nicht nötig war. Da gibt es also auch einen Lerneffekt bei mir. Auf der anderen Seite muss man auch abwägen: Geht es einem auch darum, den Menschen die Politik nahezubringen und jemand zu sein, der anfassbar und angreifbar ist, und zwar im doppelten Sinne des Wortes? Vor diesem Hintergrund kann das dosierte Auftreten in solchen Formaten dazu beitragen, der zunehmenden Politik-Ermüdung der Bevölkerung entgegenzuwirken.

Können Sie es verstehen, wenn Leute sagen: Der ist doch ohnehin vom Schicksal geküsst worden, wozu brauchte der noch einen Doktortitel, den er sich dann auch noch auf solche Weise erworben hat?

Ja, aber als ich damals die Doktorarbeit angefangen hatte, hat mir das wissenschaftliche Arbeiten auch Spaß gemacht.

Wozu brauchten Sie diesen Titel? Sie hatten doch schon einen.

Soll ich etwa das wissenschaftliche Arbeiten sein lassen, bloß weil ich einen ererbten Adelstitel habe? Was ist das für eine Logik? Es ist natürlich von besonderer Ironie, dass ich dann so unelegant gescheitert bin.

Würden Sie sagen, dass Sie ein privilegierter Mensch sind?

Ich durfte mit vielen Segnungen aufwachsen, und das war einer der Gründe dafür, dass ich gesagt habe, man muss von diesem Glück auch etwas zurückgeben. Man könnte ja mit derselben Berechtigung sagen: Der hat ja schon alles, der muss ja nicht in die Politik gehen – auch diesen Spruch gibt's. Ich glaube aber, dass daraus sogar eine Verpflichtung erwächst, wenn man mit etwas mehr Glück aufwachsen durfte als andere.

Das betont auch Ihr Vater gern, dass seine Söhne etwas zurückgeben müssten.

Es hat in unserer Erziehung auf jeden Fall eine Rolle gespielt. Und ich erziehe meine Kinder wieder so.

Ist Adel für Sie gleichbedeutend mit Elite?

Nein, aber einige Adlige haben den Anspruch, Elite zu sein. Aber das muss nicht bedeuten, dass es auch alle wirklich sind.

Sehen Sie Ihre Familie und sich selbst als Elite?

Auf jeden Fall gab und gibt es dort den expliziten Anspruch, Elite sein zu wollen.

Ist das für Sie Vermessenheit, eine Bürde oder eine Auszeichnung?

Es erzeugt sicherlich Druck. Aber das muss ja auch nicht falsch sein.

Kommt drauf an, was der Druck mit dem Einzelnen macht.

Ich würde diesen Druck jedenfalls nicht zwingend als Ursache für das Scheitern an der Doktorarbeit sehen. Aber ohne diesen selbst gesetzten Anspruch hätte ich vielleicht einen etwas klareren Blick gehabt – und das Promotionsprojekt angesichts der Doppelbelastung aufgegeben.

Ihre Biographie wirkt stellenweise wie die eines Menschen, der ein Geltungsbedürfnis hat.

Ich frage mich, weshalb ich diesen Eindruck hinterlasse.

Ich gebe Ihnen ein Beispiel: Die Kollegen vom »Stern« haben Ihre Abi-Zeitung ausgegraben. Darin heißt es, Sie hätten »ohne weiteres zum Ausredenbaron gekrönt werden können« – obwohl es eigentlich hätte auffallen müssen, dass Ihre Mutter laut Entschuldigungsschreiben »innerhalb von zwei Monaten etwa fünf Kinder bekam«.

Ja, es gab eine Zeit, in der ich in jugendlicher Revolutionsstimmung ziemlich exzessiv geschwänzt habe. Aber das hat doch nichts mit Geltungsbedürfnis zu tun.

Waren das pubertäre Wirren?

Ja, und es waren Wirren, die sich dann nach einer gewissen Zeit wieder gelegt haben.

Dann gibt es Passagen in der Biographie, die Eckart Lohse und Markus Wehner über Sie geschrieben und an der Sie ja mitgewirkt haben, ...

... ja, diese Biographie ist leider doch mit einigen Unwahrheiten gespickt ...

... in dieser aufschlussreichen Biographie jedenfalls ist zu lesen, dass Sie in Ihrem Lebenslauf Praktika zu Berufserfahrungen aufgepumpt hätten.

Wenn ich in New York bin und dort ein Praktikum mache, aber gleichzeitig für den Familienbetrieb unterwegs bin, kann ich das doch berufliche Erfahrung nennen.

Und das Praktikum bei der »Welt«?

Das war zunächst ein Praktikum, dann habe ich darum gebeten, ob ich noch eine Weile als Freier schreiben darf, und diese Bitte wurde mir für etwa zwei bis drei Monate erfüllt.

Im Pressearchiv findet man nicht so viele Artikel von Ihnen, Wehner und Lohse haben für die Zeit vom Mai bis zum Oktober 2001 acht Beiträge für die »Welt« gezählt, vier davon hätten Sie gemeinsam mit anderen verfasst.

Jeder Zeitungsnovize wäre wohl glücklich, acht Artikel in einer namhaften Tageszeitung veröffentlichen zu dürfen. Es waren nicht exorbitant viele Artikel unter meinem Namen. Aber einige weitere Artikel sind auch nur mit »ktg« oder bei entsprechender Agenturverarbeitung mit »DW« signiert.

Hat Ihnen denn dieser Ausflug in den Journalismus Spaß gemacht?

Ja, durchaus. Ich wollte danach zwar nicht Journalist werden, aber ich fand die Erfahrung bereichernd.

Inwiefern?

Insofern, als ich in dieser Zeit auch sehr viel über menschliche Stärken und Schwächen lernen durfte, die es in diesem Geschäft gibt und die sich nur partiell von dem unterscheiden, was ich später im politischen Betrieb kennengelernt habe. Sie finden im Journalismus zum Beispiel die gleichen Schattierungen der Eitelkeit. Und es gibt auch interessante Formen der Intriganz, die sich durch eine Redaktion ziehen können und sich manchmal nicht von den Spielarten in der Politik unterscheiden. Es menschelt einfach genauso wie in anderen Berufen, wo ein gewisser Druck und ein gewisses

Machtbewusstsein herrschen. Das bekommen Sie sogar als Praktikant mit.

*Haben Sie das Gefühl, dass Politiker und Journalisten wesensverwandt sind?*

In gewissen Mustern ja, mit dem einzigen Unterschied, dass der Politiker sich nicht so gut aus der Schusslinie nehmen kann. Der Schutzwall um einen Journalisten ist meistens etwas ausgeprägter; man kann sich in diesem Beruf auch mal eine ganze Weile komplett zurückziehen, wenn man im Feuer steht. Das ist bei einem Politiker, der täglich auf ein gewisses Maß an öffentlicher Aufmerksamkeit angewiesen ist, etwas anderes.

*Wie weit reicht Ihrer Meinung nach die Macht von Journalisten?*

Die reicht bis zur Zerstörung von Menschen. Es gibt gottlob nur sehr wenige Journalisten, die das bewusst nutzen. Aber es geschieht immer mal wieder.

*Stimmt es denn, dass Sie in der Berliner »Welt«-Redaktion schon mal mit »knickerbockerähnlichen Beinkleidern« auftauchten?*

Nein, das ist kompletter Unsinn. Ich habe Lederhosen, aber die habe ich nie in Berlin in der Redaktion angehabt. Ich bin doch nicht lebensmüde ...

## »Ein Minister hat keine Holschuld« – Die Kundus-Affäre

*Herr zu Guttenberg, Sie haben vorhin gesagt, man müsse Ihr politisches Wirken an den Fakten messen, nicht an der Doktorarbeit. Ich würde gern mit der Kundus-Affäre beginnen.*

Einverstanden.

Ganz kurz zum Ablauf: Als Oberst Georg Klein in der Nacht vom 3. auf den 4. September 2009 den Befehl gab, zwei von Taliban entführte Tanklaster in Kundus zu bombardieren, waren Sie noch gar nicht Verteidigungsminister. Kurz nach Ihrem Amtsantritt am 28. Oktober erklärte dann der Generalinspekteur der Bundeswehr, Wolfgang Schneiderhan, der Presse, Kleins Befehl sei »militärisch angemessen« gewesen. Das gehe aus dem Untersuchungsbericht der NATO, dem Comisaf-Bericht, hervor. Warum sind Sie wenige Tage später über diese Formulierung hinausgegangen?

Wie war noch mal die genaue Formulierung?

Sie haben hinzugefügt: »Selbst wenn es keine Verfahrensfehler gegeben hätte, hätte es zum Luftschlag kommen müssen«. Was hat Sie dazu bewogen?

Das, was mir von den Fachleuten in diesen Tagen geschildert wurde. Mir hat sich das damals so erschlossen. Ich war neu im Amt und ich habe mich briefen lassen und Einschätzungen eingeholt über das, was da vorgefallen war. Und ich habe diese Formulierung am Abend zuvor General Schneiderhan mitgeteilt, den Fachmann also bewusst noch mal darauf hingewiesen – und habe keine Widerrede bekommen. Wenn es später hieß, dieser Satz sei angesichts der tatsächlichen Umstände unpassend gewesen, hätten bei Fachleuten doch alle Alarmglocken schrillen müssen. Aber dann erwarte ich, dass man als Fachmann dem neuen Minister sagt, so geht das nicht.

Wollten Sie mit Ihrem Satz auch ein Signal an die Truppe in Afghanistan senden?

Nein, das war damals nicht ausschlaggebend. Die Formulierung war das Resultat dessen, was mir von den

Fachleuten meines Hauses in dieser Woche geschildert wurde. Und ich war auf deren Rat angewiesen, weil ich die fachlichen Kompetenzen nach so wenigen Tagen im Amt noch nicht hatte und auch nicht haben konnte.

Manche Stimmen im Verteidigungsministerium sollen Sie vor Schneiderhan und dem damaligen Staatssekretär Peter Wichert gewarnt haben; die beiden galten als die heimlichen Chefs. Warum haben Sie nicht von Anfang an gesagt, ich trenne mich von denen?

Weil es dazu keinen Anlass gab. Welche Stimmen da auch immer zu hören waren: Als Minister begegnet man solchen Gerüchten erst mal mit einem gesunden Misstrauen.

Weil es auch immer intrigante Stimmen gibt?

Ja. Man muss sich ja erst mal ein Bild machen von den Menschen, von denen man umgeben ist. Warum soll man sich gleich am Anfang von jemandem trennen, den man noch nicht einmal kennt? Ich hatte die beiden Herren nur in den Bundestagsausschüssen erlebt, wo sie gelegentlich als Experten auftraten. Aber ich kannte sie nicht als Mitarbeiter.

Stimmt es denn, dass Ihr Eindruck von den beiden zunächst einmal positiv war?

Ja.

Am Morgen des 25. November erfuhren Sie, dass der Redaktion der BILD-Zeitung ein kritischer Bericht über die Bombardierung vorlag, der von den Feldjägern erstellt worden war. Der Redaktion war auch ein Videomitschnitt aus den Cockpits der Kampfjets zugespielt worden. Am nächsten Tag verkündete BILD die

»Wahrheit über den Luft-Angriff in Afghanistan«. Vorher aber fand das berühmte Gespräch in Ihrem Büro statt ...

... an dem fünf Personen teilgenommen haben.

Einige sagen vier, andere fünf. Wie ist das möglich? Das ist so, als ob wir darüber streiten würden, ob wir zu zweit oder zu dritt sind.

Das ist mir genauso schleierhaft, zumal die ach so ominöse fünfte Person, mein Adjutant Oberst Peter Braunstein, vor dem Untersuchungsausschuss ausgesagt hat, dass er dabei war. Er ist aus allen Wolken gefallen, als behauptet wurde, er sei nicht dabei gewesen.

Aber warum ist es so schwierig, den Ablauf dieser Sitzung zu rekonstruieren, an der außer Ihnen jedenfalls die Herren Schneiderhan und Wichert sowie Ihre Büroleiterin teilnahmen? Wo sind zum Beispiel die Protokolle? Warum gab es so viele Ungereimtheiten?

Auch da gab es von meiner Seite keine Ungereimtheiten. Es gab Mitschriften, die von Herrn Braunstein und meiner Büroleiterin Sabine Bastek angefertigt wurden. Auch deshalb ist mir schleierhaft, wie jemand auf die Idee kommen konnte, es seien nur vier Personen im Raum gewesen. Aber vielleicht kann man daraus den Rückschluss ziehen, dass auch manch andere Darstellung vom Verlauf dieses Gesprächs mit einem Fragezeichen zu versehen ist.

Können Sie im Nachhinein ausschließen, dass Sie es in der damaligen Drucksituation vielleicht an der einen oder anderen Stelle nicht so ernst genommen haben mit der Wahrheit?

Ja.

Absolute Wahrhaftigkeit?

Absolute Wahrhaftigkeit.

Ihrer Version nach haben Sie Schneiderhan und Wichert in diesem zehnminütigen Gespräch dreimal gefragt, ob es, abgesehen vom Comisaf-Bericht, weiteres Material über den Kundus-Fall gebe. Das hätten die beiden jeweils verneint. Weil Sie inzwischen aber von dem Feldjägerbericht wussten, hegten Sie den Verdacht, dass Schneiderhan und Wichert Ihnen diesen Bericht vorenthalten. Wenig später haben Sie den Generalinspekteur und den Staatssekretär entlassen.

Ich habe zu dem Gesamtkomplex umfassend vor dem Untersuchungsausschuss Stellung genommen und meine Aussagen diesbezüglich weder zu ergänzen noch zu revidieren.

Der »Spiegel« hat in seiner Berichterstattung über dieser Sache eine Kehrtwende vollzogen: Zunächst wurden die Abläufe dort so ähnlich rekonstruiert, wie Sie das getan haben, dann war eine Ihnen gegenüber kritischere Version zu lesen ...

... die wahrscheinlich auf Aussagen eines der Beteiligten beruhte.

Waren Sie denn der Informant der ersten, Ihnen gegenüber wohlwollenden Darstellung der Ereignisse?

Über Informanten zu einem Bericht kann naturgemäß nur das Magazin selbst Auskunft geben. Im Übrigen war die erste Darstellung im Wesentlichen richtig, wenn auch vielleicht nicht bis ins allerletzte Detail. All dies ist meines Erachtens aber mittlerweile geklärt.

Aber man konnte den Eindruck haben, dass Sie der Informant dieses »Spiegel«-Artikels waren.

Der »Spiegel« selbst sprach vom »Umfeld des Ministers«.

In zwei persönlichen Briefen an Herrn Wichert hatten Sie zunächst behauptet, keine Informationen an Journalisten weitergegeben zu haben. Im Untersuchungsausschuss haben Sie auf
Nachfrage des SPD-Bundestagsabgeordneten Hans-Peter Bar-
tels zugestanden, in diesen Tagen »mit Sicherheit auch mal
mit ›Spiegel‹-Journalisten gesprochen« zu haben.

Es gab in diesen Tagen, wie das Routine ist, immer
Kontakte zur Presse. Wenn Sie in den Bundestag gehen,
haben Sie Kontakt zur Presse, wenn Sie aus dem Ausschuss herausgehen, haben Sie Kontakt zur Presse. Sie
haben pro Tag mehrfach Kontakt zur Presse. Das ist
mit dieser Aussage gemeint gewesen. Und es wird in
diesen Tagen sicher auch Kontakt zum »Spiegel« gegeben haben. Ich bin mir auch relativ sicher, dass es Kontakt zur »Zeit« gegeben hat. Aber die »Zeit« hatte in dieser Zeit intensiven Kontakt zu General Schneiderhan.

Die »Zeit« hat damals ein Porträt von Herrn Schneiderhan gebracht, in dem er sich bitter über Ihre Formulierung beklagt, er
habe das Material »unterschlagen«. Das haben Sie im Fern-
sehen gesagt, bei »Maybrit Illner«. Schneiderhan sagt dazu:
»Unterschlagen hat für mich den Geschmack des Vorsatzes,
und es gab keinen Vorsatz.« Ihre Äußerung empfinde er als
»ehrenrührig«, sie sei »unschön« und »unwahr«.

Ja, das habe ich dann im Untersuchungsausschuss
aber auch klargestellt. Ich habe das Wort »unterschlagen« nicht im strafrechtlichen Sinn verwendet, ich
meinte »vorenthalten«, und zu diesem Wort stehe ich.
Ich benutze es relativ häufig und regelmäßig, wenn mir
jemand etwas nicht gibt. Das Wort »unterschlagen«

habe ich nur einmal in dieser Talkshow benutzt – und mich bekanntlich sofort korrigiert, noch in der Sendung. Ich habe so etwas gesagt wie: »... unterschlagen«, und dann: »... nein, nicht unterschlagen, sondern vorenthalten«. Ich habe jedes Verständnis dafür, dass man sich über die Begrifflichkeit »unterschlagen« aufregt, und deswegen habe ich mich auch unverzüglich verbessert.

Unzweifelhaft ist ja, dass Schneiderhan den Feldjägerbericht erst mal für sich behalten und ihn weder Ihrem Amtsvorgänger Franz Josef Jung noch Herrn Wichert gezeigt hat. Aber er sagt, dass er Ihnen diesen Bericht kurz nach dem Donnerwetter in Ihrem Büro habe bringen lassen.

Ja, das stimmt. Um diesen Punkt geht es aber gar nicht so sehr. Ich habe das Material erst bekommen, nachdem ich nachfragen musste. Ein Minister hat keine Holschuld. Und zwar insbesondere nicht in einem der maßgeblichsten Fälle der deutschen Militärgeschichte seit Kriegsende. In diesem Kundus-Fall war doch schlichtweg und ganz objektiv gesehen jede Information von Bedeutung, das wäre auch für einen Laien erkennbar gewesen. Da kann es nicht sein, dass man auf den Goodwill seiner Mitarbeiter angewiesen ist, ob man so etwas erhält oder nicht.

Sie sagen also, Sie haben den Bericht von Schneiderhan zwar bekommen, aber zu spät?

Die erste Information über diesen Feldjägerbericht habe ich nicht von meinen obersten Mitarbeitern bekommen, sondern über die Mitteilung einer Zeitung. Und dass das ein, ich drücke es mal ganz milde aus, nicht ganz unerheblicher Vorgang ist, kann man doch nachvollziehen.

Hat es inzwischen eine Wiederannäherung mit Schneiderhan oder Wichert gegeben?

Ich trage den beiden nichts nach, und ich hoffe, dass auch mir nichts nachgetragen wird. Es gab eine mittelbare Annäherung mit General Schneiderhan, den ich auch eingeladen habe zu den Gesprächen, die zur Bundeswehrreform stattgefunden haben.

Ist er gekommen?

Nein, aber er hat mit sehr guten Gründen und sehr freundlich abgesagt. Ich habe mich sehr gefreut, dass er in der Stauffenberg-Gesellschaft eine maßgebliche Rolle wahrnehmen konnte. Ich glaube, dass es hier durchaus zu einer Normalisierung unseres Verhältnisses kommen kann. Zu Herrn Wichert habe ich keinen Kontakt.

Sie haben sich damals in einer für Sie bis dahin ungewohnten Form von engsten Mitarbeitern getrennt.

Ja, habe ich.

Ohne Vorwarnung.

Ich würde genau so wieder handeln. Ich habe allerdings womöglich den Fehler gemacht, diesen Schritt zu begründen. Ich musste erst lernen, dass man das als Minister offensichtlich nicht macht. Es wäre vielleicht besser für mich gewesen, einfach auf das Beamtenrecht zu verweisen und die Zusammenarbeit zu beenden. So, wie es mein Nachfolger beispielsweise mit einem Staatssekretär gemacht hat. Sobald nur der Ansatz einer weiteren Begründung im Raum steht, kann es sehr kompliziert werden.

Wie erklären Sie sich, dass der Feldjägerbericht nicht rechtzeitig bei Ihnen angekommen ist?

Zunächst einmal wurde an diesem Fall deutlich, dass die Informationsstrukturen im Ministerium stark verbesserungswürdig waren. Ich habe danach noch einmal deutlich gemacht, dass ich den Beteiligten grundsätzlich keine Böswilligkeit unterstellen würde. Ich hoffe aber, dass im Ministerium damals nicht das Motto galt, alles Unangenehme vom Minister fernzuhalten. Das würde jedenfalls meinem Führungsstil nicht entsprechen. In einer so wesentlichen Frage muss der Minister umfassend informiert sein.

**Wodurch haben der Comisaf-Bericht und der Feldjägerbericht sich eigentlich voneinander unterschieden?**

Der Feldjägerbericht stammte eben von der eigenen Truppe. In den Comisaf-Bericht der NATO ist der Feldjägerbericht mit eingeflossen.

**Aber was stand Neues im Feldjägerbericht?**

Die wesentliche Frage ist eine andere. Jeder zusätzliche Bericht kann eine Einschätzung verschärfen oder abmildern. Wenn Sie lediglich einen Bericht vorgelegt und fachlich einseitig dargestellt bekommen, kann sich ein anderes Bild ergeben, als wenn Sie beispielsweise neun Berichte und Dokumente vorliegen haben. Es geht mir darum, dass ich als Minister in einem solchen Fall umfassend informiert werden muss, welche Berichte es gibt und was in diesen Berichten steht. Ich möchte nicht erst über die Medien oder in einem Untersuchungsausschuss davon unterrichtet werden, sondern von den Spitzenleuten in meinem Ministerium.

**Der Comisaf-Bericht enthielt zahlreiche Details über den Ablauf des Angriffs. Deshalb noch einmal meine Frage: Welche**

neuen Informationen haben Sie später bekommen, die darüber hinausgingen?

Meine erste Einschätzung der Lage hat sich in diesen Tagen fundamental verändert, nicht nur durch die Lektüre eines Berichts, sondern durch zahlreiche weitere, mir bis dahin unbekannte Dokumente, durch Berichte und Gespräche. Wenn Ihnen Ihre Fachleute zunächst einmal sagen, es gibt in dem Comisaf-Text nur zwei Punkte, die problematisch sind, aber insgesamt ist der Bericht sehr gut für unseren Oberst Klein, dann gehen Sie völlig anders an die Sache heran, als wenn Ihnen gesagt wird: Wir haben hier noch eine Anzahl weiterer kritischer Dokumente.

Am 3. Dezember 2009 folgte dann Ihre »Neubewertung der Vorfälle« im Deutschen Bundestag: Obwohl Oberst Klein »zweifellos nach bestem Wissen und Gewissen sowie zum Schutz seiner Soldaten gehandelt« habe, sei die Bombardierung der Tanklaster »militärisch nicht angemessen« gewesen. Was heißt das eigentlich, »militärisch nicht angemessen«?

Das ist eine Begrifflichkeit, die nicht völkerrechtlich zu sehen ist und keine Rechtskraft entwickelt. Sie bezog sich auch auf die Frage, ob es objektiv Alternativen gegeben hätte.

Dass ein deutscher Militär trotz der Bedenken der amerikanischen Piloten den Befehl gibt, Menschen zu bombardieren, war das für Sie als oberster Befehlshaber in Afghanistan nicht erst einmal zutiefst erschreckend?

In diesem Kontext sind viele Fragen aufgeworfen worden. Die meisten davon kann man nicht mit einem einfachen Ja oder Nein beantworten.

Auch diese nicht?

Mir ist es wichtig, dass es bei der Beurteilung einen großen Unterschied macht, ob jemand im Krieg vor Ort steht oder sich als Unbeteiligter einige tausend Kilometer entfernt bequem am Schreibtisch ein Urteil bildet. Aus diesem Grund habe ich immer betont, dass ich Oberst Klein nicht fallenlasse wegen einer Entscheidung, die er in einer außergewöhnlichen Situation treffen musste und getroffen hat. Ich war überrascht, wie leichtfertig mancher aus der Ferne diesen Einsatz beurteilt hat.

Wie oft haben Sie persönlich mit Oberst Klein gesprochen?
Mindestens zweimal.

Hatten Sie das Gefühl, dass es ihn menschlich beschäftigt, dass er da Zivilisten, auch Kinder und Jugendliche hat töten lassen?
Aber natürlich! Es wäre völlig verrückt, Oberst Klein als »deutsche Militärmaschine« zu beschreiben. Er ist ein sensibler, gläubiger Mann, den dieser Vorfall in immenser Weise beschäftigt und umgetrieben hat.

Was hat ihn angetrieben, auch auf die wiederholte skeptische Nachfrage der Piloten, ob die Menschen da unten auf der Sandbank im Kundus-Fluss wirklich eine unmittelbare Gefahr darstellen, den Befehl zum Angriff zu geben?
Sie müssen die Gesamtsituation sehen, in der er sich befand. Seit Monaten gab es Angriffe auf deutsche und verbündete Truppen. Es gab Gefallene und Verwundete, gerade auch in diesen Wochen und Monaten, und es gab die Meldung, dass möglicherweise ein Tanklastzug gegen das deutsche Lager eingesetzt werden sollte, mit möglicherweise verheerenden Folgen. Außerdem gab es

die Meldung, dass es sich bei den Personen am Boden ausschließlich um feindliche Kräfte handele.

Eine falsche Meldung, wie sich dann herausstellte.

Ja, aber man muss sich auch vor Augen führen, was es bedeutet, in einer solchen Situation in relativ kurzer Zeit Entscheidungen treffen zu müssen. Dazu hat Oberst Klein sich umfassend geäußert. Mir war wichtig, dass aus den Fehlern, die da geschehen sind, Konsequenzen gezogen werden. Die Einsatzregeln mussten beispielsweise nicht nur auf ihre mangelnde Klarheit hin geprüft, sondern auch geändert werden. Das ist geschehen, viele Grauzonen sind verschwunden. Das bringt leider keinen der getroffenen Zivilisten wieder zurück ins Leben, und das heilt keine Wunden. Aber zumindest sind Konsequenzen gezogen worden.

Laut »Spiegel« hat Oberst Klein in einer Meldung an einen Vorgesetzten geschrieben, er habe sich am 4. September 2009 dazu entschlossen, die entführten Tanklastwagen »sowie die an den Fahrzeugen befindlichen INS durch den Einsatz von Luftstreitkräften zu vernichten«. INS steht in der Militärsprache für »Insurgents«, Aufständische. War das Verb »vernichten« in diesem Zusammenhang angemessen?

Das ist ein außerordentlich hartes Wort. Für den Laien ist es überhart. Im militärischen Jargon ist es nicht unüblich.

Noch einmal zurück in den September 2009, zur Informationspolitik der Bundesregierung. Verteidigungsminister Franz Josef Jung hat da zunächst erklärt, es lägen ihm keine Erkenntnisse über zivile Opfer vor; die Bundeskanzlerin hat sich in ihrer ersten Stellungnahme am 6. September im Konjunktiv geäußert, sie sagte: »Wenn es zivile Opfer gegeben hat, dann werde ich das natürlich zutiefst bedauern.« Wussten die beiden damals wirklich nicht mehr?

Ich war nicht dabei, ich kann nur mutmaßen, dass das der Informationsstand der damaligen Zeit war.

Der Bundestagswahlkampf befand sich damals in der Endphase. Die Wahrheit über Kundus hätte der Bundesregierung mit Sicherheit nicht genützt.

Für mich als Mitglied der Bundesregierung war es zumindest nicht feststellbar, dass das eine Rolle gespielt hat. Es gab keinen erkennbaren Konnex. Es wäre auch fatal, wenn es den gegeben hätte. Und ich würde es sagen, weil ich mich darüber enorm aufgeregt hätte.

Es gibt dafür nach Ihrer Kenntnis keine Anhaltspunkte?

Nein, zumindest keine erkennbaren. Mein persönlicher Eindruck ist allerdings, dass nicht alles getan wurde, um eine entsprechende Deutung gänzlich unmöglich erscheinen zu lassen.

Wenn Sie auf die Kundus-Affäre zurückblicken: Was war Ihr größter Fehler?

Ich habe die Situation zu Beginn falsch eingeschätzt. Das war ein Fehler, der allerdings nicht nur auf meinem Mist gewachsen ist.

Und Sie haben infolgedessen zu keinem Zeitpunkt eine Notlüge verwendet?

Nein.

Das heißt: Alles, was Sie gesagt haben, wird auch in Zukunft einer Überprüfung standhalten?

Man ist im Untersuchungsausschuss verpflichtet, die Wahrheit zu sagen. Das Ergebnis des Untersuchungsausschusses gibt mir ja letztlich auch Recht.

In letzter Konsequenz trägt der Verteidigungsminister die Verantwortung für den Tod von deutschen Soldaten und von Menschen, die von deutschen Soldaten getötet werden.

Ja, das ist eine Verantwortung, der ich mir in dieser Zeit in jeder Minute bewusst war. Es gibt keine Phase meines Lebens, in der ich kontinuierlich so angespannt war. Stellen Sie sich vor, Sie tragen Verantwortung für mehr als 300.000 Soldaten und zivile Mitarbeiter. Sie wissen nie, was Ihren Anvertrauten im nächsten Augenblick passieren kann. Jederzeit kann sich die Tür öffnen oder Sie eine SMS erreichen mit einer Todesnachricht. Das ist eine sehr eigene Form von Einsamkeit. Es hat mich zutiefst beschäftigt, zumal Sie diese Verantwortung nicht delegieren können und dürfen.

Es gibt zahlreiche Berichte über Angehörige deutscher und afghanischer Kriegsopfer. Wenn Sie vom Leid der Betroffenen hörten – sind Ihnen dann nie Zweifel gekommen, ob der Einsatz wirklich legitimierbar ist?

Das Leid der Betroffenen wird mich bis an mein Lebensende begleiten. Aber so schwierig es ist, es muss trotzdem immer der Versuch unternommen werden, den Einsatz zu legitimieren. Die Angehörigen wollen wissen, wofür ihr Kind, Vater oder ihre Mutter gestorben ist.

Was haben Sie den Angehörigen dann gesagt?

Es reicht bestimmt nicht aus, sich gegenüber einer weinenden Witwe eines Gefallenen auf eine UNO-Resolution oder eine Rechtsgrundlage zu berufen. Recht könnte gefühlskälter kaum sein. Man muss sich unbedingt die Mühe machen, die Realitäten vor Ort zu begreifen und immer wieder überprüfen, ob es sinnvoll ist, was man da tut. Denn manche Frage, die die Soldaten bewegt, erreicht die Heimat ja gar nicht, die erfahren Sie nur vor Ort. Und wenn ein Soldat fällt, muss es ein Herzensanliegen sein, sich persönlich den Angehörigen zu stellen und nicht nur einen Brief zu schreiben.

Oder nicht zur Trauerfeier zu gehen.

Oder das. Ich habe immer größten Wert darauf gelegt, vor der Trauerfeier das Gespräch mit den Angehörigen zu suchen. Manchmal sind es auch nur eine Umarmung oder auch geteilte Tränen. Diese Begegnungen zählen zu den schwierigsten Momenten meines Lebens, jeder einzelne Fall hat mich zutiefst aufgewühlt. Während meiner Amtszeit sind viele Soldaten in einer relativ kurzen Zeit gefallen oder verwundet worden.

Wenn Sie die Angehörigen gefragt haben, wofür diese Soldaten gestorben sind, was haben Sie da gesagt?

Neben allen Emotionen habe ich immer den Bezug zum Eid der Soldaten und zu den Menschen unseres Landes hergestellt. Wenn man sich entscheidet, Soldat zu werden, verpflichtet man sich, für die Sicherheit der Menschen im eigenen Land zu sorgen. Und hier haben sich die Maßstäbe in den vergangenen Jahren fundamental verschoben. Landesverteidigung spielt sich heute nicht mehr nur an den eigenen Grenzen ab.

Der berühmte Strucksche Satz, unsere Sicherheit werde »nicht nur, aber auch am Hindukusch verteidigt«.

Ja, aber dieser Satz wurde von ihm immer zu flapsig

und nölig begründet, er hätte sich etwas mehr Mühe geben müssen. Der Satz als solcher ist nicht falsch, er ist nur nicht richtig verstanden und von den meisten als Provokation empfunden worden. Man hätte die neuen Bedrohungsszenarien sehr viel eingehender erklären müssen. Die gehen über den internationalen Terrorismus hinaus. Instabilität in allen Teilen dieser Erde kann unmittelbare Folgen für unsere Heimat haben, die sicherheitspolitischen Aufgaben, die daraus resultieren, kann man nicht allein den Bündnispartnern überlassen. Man muss sich die Mühe machen, diese Begründung mit entsprechend höchster Anteilnahme zu vermitteln, wenn man mit Angehörigen spricht.

Als ich 38 war, da war ich relativ sorgloser Ressortleiter bei der damals behaglich prosperierenden Süddeutschen Zeitung in München. Sie wurden mit 38 Herr über Leben und Tod.

Diese Formulierung überzeichnet drastisch und wird dem Amt nicht gerecht. Ich wurde verantwortlich für Leben und Tod von Soldaten.

So war das auch gemeint. Gab es Momente, in denen Sie sich gefragt haben, ob Sie in Ihrem Alter schon die notwendige Reife für eine solche Aufgabe haben?

Nein, ich habe diese Verantwortung angenommen und wollte ihr bestmöglich gerecht werden. Dass das schwierig ist, steht außer Frage. Mit dem Alter hat das weniger zu tun. Ich habe schon sehr junge Menschen erlebt, die großartig mit solchen Gegebenheiten umgehen konnten, und erfahrene ältere Menschen, die bis heute dazu unfähig wären. Entscheidend ist, ob man in der Lage ist, Herz und Verstand gleichzeitig einzusetzen. Und Sie müssen ein Gespür für die Seelenlage einer Truppe entwickeln.

Wie macht man das?

Das geht nur, wenn Sie die Truppe ehrlich erleben wollen und nicht dorthin fahren, um sich zu inszenieren. Sie müssen der Truppe das Gefühl geben, dass sie Zuhause verstanden wird. Und das funktioniert nur, wenn jemand darüber berichtet.

Sie rechneten immer schon damit, dass Ihnen jemand Inszenierung vorwarf, und wenn die Absicht noch so gut war?

Ja, dieser Vorwurf kam schnell. Ich habe mich dann sehr nüchtern gefragt, wem ich vorrangig verpflichtet bin. Und die Antwort lautete dann: Nicht mir selbst oder der Heimatpresse, sondern den Soldaten. Und eines der großen Defizite der letzten Jahre bestand darin, dass die öffentliche Aufmerksamkeit für das, was unsere Soldatinnen und Soldaten leisten, auf weniger als plus/minus null heruntergefahren wurde. Es bedurfte einer großen Anstrengung, um Aufmerksamkeit zu erzeugen. Dazu brauchte man auch Medienarbeit, natürlich. Aber ich glaube, dass ich es während meiner Amtszeit geschafft habe, ein bisschen mehr Aufmerksamkeit auf die Soldaten zu lenken.

Wie oft haben Sie sich dabei erwischt, dass Sie selber Zweifel am Einsatz in Afghanistan hatten?

Oft. Das ist auch nur gesund, an diesem Einsatz zu zweifeln, und man sollte das fast täglich tun, wenn man in der Verantwortung steht.

Sind diese Zweifel im Laufe der Zeit größer oder kleiner geworden?

Sie haben sich bestätigt. Und sie haben dazu beigetragen, dass einige Fehlentwicklungen behoben wurden.

Afghanistan ist keine glühende Erfolgsgeschichte. Es gibt Erfolge in Afghanistan, aber wir werden im Jahre 2014 nicht die ursprünglich erträumte Demokratie nach unseren Maßstäben haben, es wird weiterhin Gewalt und Bedrohungsszenarien geben. Und wir werden weiter das Augenmerk darauf richten müssen, dass von Afghanistan nicht eine Destabilisierung der enorm gefährdeten Gesamtregion ausgeht. Es wird außenpolitisch noch einiger anstrengender Klimmzüge bedürfen, die weit über das hinausreichen, was derzeit getan wird, um in der Region Fuß zu fassen. Ich halte deshalb die Nennung eines Abzugsdatums bis heute für falsch.

Würden Sie sich selbst als Realpolitiker bezeichnen?

Ja.

Ein Realpolitiker würde sagen, der Afghanistan-Einsatz war erstens völkerrechtlich durch das UN-Mandat legitimiert, und zweitens gab es eine akute Gefahrenlage für den gesamten Westen, weil in dem Land islamistische Terroristen ausgebildet wurden. Der Satz »Wir schicken eine Interventionstruppe, um Demokratie zu exportieren« kommt einem Realpolitiker dagegen schwer über die Lippen.

Ich halte es auch für falsch, diesen Satz auszusprechen. Es wurden enorme Fehler gemacht, als dieses Ziel für den Afghanistan-Einsatz festgesetzt wurde. Dazu hat auch Deutschland beigetragen. Ich habe in meiner Amtszeit immer wieder darauf aufmerksam gemacht, dass eine Demokratie als solche militärisch nicht erreichbar ist. Ich sage auch: Wir werden in Afghanistan nie gewinnen. Es geht darum, Afghanistan nicht zu verlieren.

**Darf man militärisch nicht intervenieren, damit Mädchen zur Schule gehen können und Frauen eine Chance auf ein halbwegs selbstbestimmtes Leben bekommen?**

Wenn es bei Militäreinsätzen allein um diese Frage ginge, würde man zu einem Zyniker verkümmern. Denn dann müssten wir uns militärisch in mindestens 30 weiteren Ländern engagieren. Es ist wünschenswert, dass die Menschenrechte durchgesetzt werden, und es gibt diesbezüglich auch Fortschritte in Afghanistan. Aber dieses Ziel war nicht der Ausgangspunkt des Einsatzes. Da darf man sich nichts vormachen, das sind nachgeschobene Gründe. Nach dem 11. September wurde der Verteidigungsfall ausgerufen, das war der Grund für die Afghanistan-Mission.

**Sollte ein Staat sich nur dann an Interventionen beteiligen, wenn seine nationalen Interessen berührt sind?**

Das hängt davon ab, was man unter nationalen Interessen versteht. Angenommen, in einem fernen Land werden die Menschenrechte mit Füßen getreten und das löst eine Destabilisierung der Gesellschaft aus, die sich auf die gesamte Region ausdehnt. Eine solche Entwicklung kann letztlich dazu führen, dass auch sicherheitspolitische Interessen unserer Heimat berührt werden. Plötzlich sind nationale Interessen betroffen.

**Aber was folgt daraus?**

Das ist dann eben die Frage. Ich denke, wir müssen noch stärker präventiv im Sinne von vorsorgend denken und vorgehen. Das muss und darf nicht zwingend militärisch geschehen, das sollte immer die Ultima Ratio sein. Man kann auch Ausbildungs- und Entwicklungshilfe leisten und Stiftungen sowie Nichtregierungsorganisationen gezielt in der Region einsetzen. Gerade solche NGOs werden in der Außen- und Sicherheitspolitik sehr vernachlässigt. Da sind der Kreativität eigentlich keine Grenzen gesetzt. Aber in der Politik ist die Kreativität eben relativ begrenzt.

Noch mal ganz konkret: Ist es noch sinnvoll, deutsche Soldaten in Afghanistan einzusetzen? Oder ist die Bundeswehr nur noch dort, weil es verantwortungslos gegenüber den eigenen Kameraden und den Verbündeten dort wäre, jetzt abzuziehen?

Es ist in der jetzigen Situation durchaus noch sinnvoll, dass deutsche Soldaten in Afghanistan sind. Und daraus ergibt sich Verantwortung gegenüber den Bündnispartnern. Wir tragen Verantwortung für die Partner, denen wir mindestens ein Ausbildungsversprechen gegeben haben, und es ist die große Frage, wer die Aufgaben der internationalen Gemeinschaft nach dem unglückseligen Datum 2014 wahrnehmen soll. Man unterliegt einer Illusion, wenn man meint, dass von 2014 an keine internationalen Truppen mehr in Afghanistan gebraucht werden.

Wer soll sich denn nach 2014 dort engagieren?

Genau diese Frage wird sich stellen. Es ist eine Bündnisfrage, bei der es nach meiner Überzeugung nicht mehr nur um Ausbilder, sondern auch um Spezialkräfte geht. Möglicherweise auch um Soldaten, die Drohnen bedienen können, wenn die Sicherheitslage das kurzfristig erfordert. Manche nennen das »dirty business«. Und das ist in Afghanistan nie ausgeschlossen. Was man tunlichst bis zum Jahre 2014 schaffen sollte, ist eine endlich wirkungsvolle politische Befassung mit einem der schwierigsten Nachbarn, nämlich Pakistan. Es ist wirklich armselig, was hier bislang geschehen ist. Die Vereinigten

Staaten haben sich da ebenso wenig mit Ruhm bekleckert wie Europa. Das gilt auch für die weitere Region: Wenn man über Pakistan spricht, spricht man über Indien, man muss über die zentralasiatischen Staaten und den Iran sprechen. Das ist eine geopolitisch und geostrategisch sehr komplexe und komplizierte Ausgangsposition, die man nicht durch Entsagung bearbeiten kann.

*Würden Sie den Deutschen raten, sich auch über das Jahr 2014 hinaus dieser Verantwortung zu stellen?*

Ich wäre zumindest sehr vorsichtig damit, das apodiktisch auszuschließen.

*Der Einsatz von Drohnen, der jetzt unter Obama verstärkt stattfindet, ist völkerrechtlich nicht legitimiert.*

Der Einsatz wirft dicke Fragezeichen auf. Dennoch glaube ich nicht, dass wir es hier mit einer vorübergehenden Erscheinung zu tun haben. So wird die Zukunft der Luftwaffe aussehen. Man täte deshalb gut daran, sich auch dieser Frage völkerrechtlich intensiver zu widmen, als man das bisher getan hat. Weil beim Einsatz dieses schauerlichen Kriegsgeräts nie gänzlich ausgeschlossen werden kann, dass auch Zivilisten getroffen werden.

*Aber wie muss man sich die Kriegsführung der Zukunft dann vorstellen? Irgendwo in Amerika sitzen ein paar Soldaten, steuern unbemannte Flugzeuge, geben den Befehl »Kill« – und spielen nach Feierabend mit ihren Kindern im Garten, Tausende Kilometer vom Kriegsplatz entfernt?*

Ich wäre mit solchen Bildern sehr vorsichtig. Die Aufträge für die Drohnen werden selbstverständlich in Afghanistan eingespeist. Aber die weltweite Vernetzung macht es heute möglich, Ziele anzuvisieren, die Tausende Kilometer entfernt sind. Es macht heute in gewissen Situationen kaum noch einen Unterschied, ob ein Luftwaffenpilot sein Ziel in seiner F16 ansteuert oder ob jemand am Boden einen Computer bedient. Der hat vielleicht sogar einen klareren Kopf oder kann eher die Reißleine ziehen. Aber keine Frage: Bei solchen Gedanken sträubt sich einem innerlich alles.

Auch die Einsätze in Pakistan sind völkerrechtswidrig.

Sie sind auf jeden Fall nicht auf einem stabilen Fundament gebaut.

Helmut Schmidt, den Sie bewundern, ist absolut gegen jede Form der militärischen Intervention, die nicht völkerrechtlich gedeckt ist.

Da bin ich sehr nahe dran. In der Praxis gibt es allerdings immer wieder Grauzonen. Manche argumentieren etwa, dass die Terroristenjagd grenzüberschreitend möglich sein muss.

Das hört sich so an, als müsse man sich das internationale Recht immer so zurechtlegen, wie es einem gerade opportun erscheint.

Man muss immer wieder überprüfen, ob man den Maßstäben, die man an andere anlegt, auch selbst gerecht wird.

Waren Sie ein leidenschaftlicher Verteidigungsminister?

Ja, an der Leidenschaft hat es jedenfalls nicht gefehlt. Es hat immer wieder erschütternde Erlebnisse und schwere Prüfungen gegeben. Aber das Aufgabenspektrum eines Verteidigungsministers ist viel breiter, als manche denken.

Ich habe zumindest immer eine Leidenschaft für außen- und sicherheitspolitische Themen gehabt, und die kann man, wenn man will, in dieser Position einsetzen.

Beim Weltwirtschaftsforum in Davos haben Sie sich im vergangenen Jahr mit Spitzenmanagern zum Frühstück getroffen, worüber Wirtschaftsminister Brüderle sich bestimmt geärgert hat. Und Herr Westerwelle war gewiss nicht glücklich über Ihre außenpolitischen Einlassungen. Hat Ihnen Ihr Amt als Verteidigungsminister nicht gereicht?

Verteidigungspolitik ist immer auch Außenpolitik. Und Außenpolitik sollte immer die Verteidigungs- und Sicherheitspolitik im Blick haben. Insofern ist das kein Konkurrenz-, sondern ein Ergänzungsverhältnis. Wenn man das so versteht, kommt es auch nicht zu Spannungen.

In Davos kam es zu Spannungen.

Obwohl Herr Brüderle eingeladen war.

Überraschenderweise ist er nicht gekommen.

Nein, er ist nicht gekommen. Aber er musste auch keine beleidigte Leberwurst sein. Zuletzt hat er Humor gezeigt. Seinem Vorschlag, dass er ja demnächst auch die Generäle einladen könne, hätte ich sofort zugestimmt. Die hätten sich bestimmt gefreut. Ich hatte zu diesem Frühstück zweimal eingeladen, einmal als Wirtschafts- und danach als Verteidigungsminister. Die Verbindung zwischen Wirtschafts- und Sicherheitspolitik ist sehr viel enger, als manche Menschen in unserem Lande begreifen wollen. Deshalb haben Wirtschaftsvertreter auch ein immenses Interesse an den globalen Entwicklungen der Sicherheitspolitik. Die Dinge gegeneinander auszuspielen, ist nachgerade leichtsinnig.

Würden Sie von sich sagen, angesichts dessen, was Sie so können und draufhaben: Wenn ich mich in die Badewanne lege, dann schwappt halt Wasser über?

Nein, so anmaßend bin ich nicht. Und ich würde auch immer einen Eimer daneben stellen.

Der Eimer im Fall Brüderle war die Einladung, die Sie ihm geschickt haben?

Mit einem goldenen Henkel!

Es gibt eine weitere Affäre, die mit Ihrem Namen verbunden ist: Nachdem eine Kadettin der Gorch Fock beim Sturz aus der Takelage tödlich verunglückt war, geriet im Januar dieses Jahres ein Schreiben des Wehrbeauftragten Hellmut Königshaus an die Öffentlichkeit, in dem die Zustände auf dem Segelschulschiff massiv kritisiert werden. Gibt es aus Ihrer Sicht eine Gemeinsamkeit zwischen der Kundus- und der Gorch-Fock-Affäre?

Nein! Es stimmt jedenfalls nicht, wenn behauptet wird, der Guttenberg neige zu personellen Schnellschüssen.

In beiden Fällen haben Sie mit Entlassungen beziehungsweise Suspendierung reagiert, nachdem die BILD-Zeitung und die BILD am Sonntag große Berichte angekündigt hatte.

Das stimmt nicht. Im Fall Gorch Fock wurde ich nicht allein von Journalisten informiert; nach dem Vorbringen des Wehrbeauftragten lagen mir mehrere Berichte über die Zustände an Bord vor. Man kann sich doch vorstellen, dass man als Minister in dieser Situation sehr unterschiedliche Stellungnahmen aus den eigenen Reihen einholt, von Fachleuten, vom Militär selbst. Das alles trägt zu einem Bild bei.

Am 21. Januar 2011, einem Freitag, haben Sie im Bundestag noch vor einer Vorverurteilung des Kapitäns der Gorch Fock gewarnt. Am Abend desselben Tages sprachen Sie dann mit dem stellvertretenden Chefredakteur der BILD am Sonntag, Michael Backhaus. Der berichtete Ihnen, dass am Sonntag eine große Reportage über das Leben an Bord der Gorch Fock erscheinen werde. Daraufhin, heißt es, hätten Sie sich entschieden, den Kommandanten Norbert Schatz seines Postens zu entheben.

So einfach kann man es sich nicht machen. Herr Backhaus hat mich zu einer Wahlkampfveranstaltung begleitet, was ja nichts Ungewöhnliches ist. An diesem Freitag kamen verschiedene Dinge zusammen, die für mich entscheidungserheblich waren: Mich erreichten weitere Nachrichten über die Gorch Fock, nicht allein über die »rote Gruppe« des Springer-Verlags, sondern auch aus anderen Quellen.

Welche waren das?

Das waren Hinweise von anderen Medien, vor allem aber Berichte aus der Truppe selbst. Im Übrigen lief das Ganze ja schon seit ein paar Tagen. Mein Kenntnisstand beruhte nicht nur auf dem, was Herr Backhaus mir berichtete. Über diesen Ablauf wurde viel Unsinn geschrieben.

Stimmt es denn, dass es keinen Kontakt zu Herrn Schatz vor dessen Abberufung gab?

Auch das ist völliger Blödsinn! Mit dem Kapitän ist geredet worden, der zuständige Inspekteur der Marine hat mit ihm über die Vorwürfe gesprochen.

Sie selbst haben nicht mit ihm gesprochen?

Nein, das war auch nicht meine Aufgabe. Dafür gibt es fachzuständige Inspekteure, ein Verteidigungsministerium besteht ja nicht nur aus dem Minister! Die Inhalte dieses Gesprächs mit dem Kapitän wurden mir dann berichtet. Und auf der Grundlage all dieser Informationen habe ich dann meine Entscheidung getroffen, ihn vorübergehend von seinen Führungsaufgaben zu entbinden. Ein Rat, der mir übrigens auch von der militärischen Spitze gegeben wurde. Es war eine harte Entscheidung, die ich vergleichsweise schnell getroffen habe. Ich würde sie allerdings jederzeit wieder so treffen. Später wurde ich in meiner Einschätzung durch den Abschlussbericht des Havarie-Beauftragten der Marine und die daraus folgenden Konsequenzen ausdrücklich bestätigt. Das wiederum war einigen Journalisten, die sich damals fürchterlich erregt hatten, noch nicht einmal eine kleine Meldung wert.

Sie sagen immer wieder, dass Sie alles genau so wieder machen würden – sind Sie eigentlich ein Fan von Edith Piaf?
Wieso?

»Je ne regrette rien« ...
Nein. Ich würde meine Doktorarbeit mit Sicherheit nicht mehr so schreiben, wie ich sie geschrieben habe. Und ich habe in meiner politischen Zeit fraglos auch einige Fehler gemacht. Aus jedem habe ich etwas gelernt.

Warum haben Sie im Fall Gorch Fock nicht gewartet, bis die Ergebnisse einer Untersuchung vorlagen? Weil Sie unter politischem Druck standen?
Ich habe Kapitän Schatz ja nicht »rausgeschmissen«, wie es in den Zeitungen hieß. Ich habe ihn lediglich suspendiert, und zwar für die Zeit, in der die Untersuchungen liefen. Wenn sie positiv für ihn verlaufen wären, hätte er in sein Amt auch zurückkehren können. Meine Ent-

scheidung war also sehr wohl an die Untersuchung gebunden. Aber man kann jemanden, der – berechtigt oder
unberechtigt – derartigen Vorwürfen ausgesetzt ist, kaum
die Verantwortung für ein so forderndes Schiff mit seinen
Ausbildungs- und Repräsentationsaufgaben überlassen.
Zumindest nicht für die Zeit der Aufklärung.

Welche Lehre ist aus dieser Affäre zu ziehen? Sind solche Se-
gelschulschiffe noch zeitgemäß?

Ich hoffe, dass dieses Schiff nach entsprechender
Überprüfung der Regeln an Bord weiterhin als Botschaf-
terin über die Weltmeere segeln kann. Aber es bedarf einer Umstellung des Ausbildungsansatzes, und das wird
jetzt auch auf den Weg gebracht. Darüber freue ich
mich. Denn einige Inhalte, die auf der Gorch Fock vermittelt werden, finde ich wichtig. Die Ausbildung auf einem solchen Segelschiff kann die Truppe zusammen-
schweißen.

Angenommen, Sie würden in die Politikberatung gehen: Würden Sie einem Politiker raten, eine gewisse Willfährigkeit gegenüber der »roten Gruppe«, also den Boulevardmedien des
Springer-Konzerns, an den Tag zu legen?

Nein, Willfährigkeit ist keinem Politiker zu raten. Man
muss immer überlegen, mit welcher Nachricht man in
einer bestimmten Situation wen erreichen will: die Breite der Bevölkerung, die Akademiker oder eine andere
Gruppe? Ein Politiker sollte die Vielfalt der Medienlandschaft zu nutzen wissen. Aber ich würde davor warnen,
sich zu sehr an ein bestimmtes Medium zu binden.

Sie selbst haben sich stark mit der BILD-Zeitung verbandelt.

Verbandelt habe ich mich mit niemandem. Dazu bin

ich zu unabhängig. Ich habe meine Themen untergebracht – natürlich manchmal auch sehr selektiv. Wenn ich beispielsweise meine Soldaten in Afghanistan erreichen wollte, fiel mir das mit der BILD-Zeitung leichter als mit der »Zeit«.

Geschenkt. Was ich aber wissen will: Meinen Sie, dass man in der deutschen Politik etwas werden kann, wenn man sich gegen die »rote Gruppe« stellt?

Es ist grundsätzlich schwierig für einen Politiker, sich gegen ein Medium zu stellen, das kann relativ ungemütlich werden. Auch deshalb, weil es unter den Journalisten einen gewissen Korpsgeist gibt, der selbst über politische Grenzen hinweggeht.

Fänden Sie es problematisch, wenn ein bestimmtes Medium in einem Land mehr Einfluss auf die Meinungsbildung hätte als alle anderen?

Wenn das so wäre, sollte es allen anderen Medien Ansporn sein, sich ähnlich aufzustellen.

Fühlten Sie sich verraten, als nach Ihrem Rücktritt in der Ihnen sonst freundlich gesinnten BILD-Zeitung stand, Sie hätten »sich und dem Land Schaden zugefügt«?

Nein. Ich hätte das anders formuliert, aber ich akzeptiere diese Meinung.

Waren Sie überrascht?

Nein, damit musste ich rechnen. Es gibt faktisch keine dauerhafte Bindung zwischen einem Politiker und einem Medium. Dazu ist in unserem Land die Pressefreiheit zu sehr ausgeprägt, Gott sei Dank.

Sind Sie gegenüber den Medien misstrauischer geworden?

Nein.

Sind Sie sicher?

Ja. Vielleicht war ich aber an der einen oder anderen Stelle zu unbedarft.

## »Mit Zähnen und Klauen gekämpft« – Die Reform der Bundeswehr

Die Bundeswehrreform war das größte Projekt in Ihrer Zeit als Minister, umgesetzt wird es nun von Ihrem Nachfolger, Thomas de Maizière. Hat es Sie verletzt, was nach Ihrem Rücktritt über Ihre Arbeit gesagt und geschrieben wurde?

Herr de Maizière hat circa 95 Prozent meiner Reformvorschläge übernommen. Vor diesem Hintergrund kann man, glaube ich, sehr wohl davon reden, dass ich ein weitgehend bestelltes Haus hinterlassen habe. Ich habe so weit Hand angelegt, dass die Reform von jemandem übernommen und vollendet werden konnte.

Ist kurz vor Ihrem Rücktritt, in den allergrößten Turbulenzen, allen Ernstes noch mit »viel Kraft« an dem Reformkonzept gearbeitet worden, wie Sie am 1. März behauptet haben?

Ja, in diesen Tagen haben wir daran gearbeitet, und zwar intensiv. Die Reformpapiere lagen ja längst vor, das ist unbestritten, wir hatten sie schon in den Gremien des Ministeriums vorgestellt, sowohl in Berlin als auch in Bonn. Und diese Papiere hat Thomas de Maizière nahezu vollständig übernommen. In dem Kontext ist es lachhaft zu lesen, ich hätte »einen Trümmerhaufen hinterlassen«.

Ich zitiere aus der sicherlich nicht radikalen Financial Times Deutschland: »Guttenberg hinterlässt Bundeswehr als Reformruine«.

Wie hübsch. Dann müsste sie konsequenterweise morgen schreiben, »de Maizière führt erfolgreich Reformruine fort« ...

Dann zitiert die Zeitung aber de Maizière, einen für gewöhnlich sehr diplomatischen Mann. Er hat im ZDF gesagt, die »Wunschzahlen«, die er beim Amtsantritt vorgefunden habe, hätten mit den vereinbarten Sparzielen unter »keinem denkbaren Gesichtspunkt« zusammengepasst. Man habe die Wünsche und das Geld erst zusammenbringen müssen. Das ist aus seinem Mund ein sehr hartes Urteil.

Ich hatte vorgeschlagen, dass die Bundeswehr nur noch aus 170.000 Berufs- und Zeitsoldaten und 60.000 bis 65.000 zivilen Mitarbeitern bestehen soll. Das, was Thomas de Maizière jetzt umsetzt, sind 170.000 Soldaten und 55.000 zivile Mitarbeiter. Wie passt das zu den Aussagen, die Sie gerade zitiert haben?

Warum sagt er dann so einen unfreundlichen Satz?

Ich gehe nicht zwingend davon aus, dass er das unfreundlich gemeint hat. Sonst hätte er meine Konzeption nicht nahezu deckungsgleich übernommen – er hätte ja alle Freiheiten gehabt, es anders zu machen! Ich finde, die Reform ist auf einem guten Weg, und das freut mich.

Verallgemeinert lautete die Kritik an Ihnen: Er stößt etwas an, kümmert sich aber nicht um die Ausführung.

Das ist ein geradezu absurder Vorwurf! In der Geschichte der Bundeswehr ist noch nie eine solche Reform angestoßen worden, und wir haben in vergleichsweise kürzester Zeit zahlreiche umsetzbare Ergebnisse erarbeitet. Wir lagen damals exakt im Zeitplan, den wir bereits im Sommer 2010 aufgestellt hatten. Insofern geht dieser Vorwurf komplett ins Leere. Natürlich hätte ich die Reform gern zu Ende gebracht, aber das nichts passiert wäre, stimmt einfach nicht. Die Aussetzung der Wehrpflicht, die Reduzierung der Truppen, all das wurde nach Plan umgesetzt. Dass anschließend noch weitere parlamentarische Schritte notwendig waren, die dann in die Zeit nach meinem Rücktritt fielen, kann man mir nun wirklich nicht vorwerfen.

Herr de Maizière hat auch kritisiert, dass es im Verteidigungs-ministerium zu viele Stäbe gebe.

Aber die sollten ja abgeschafft werden! Mein Vor-schlag ging sogar noch weiter als die Umsetzung durch meinen Nachfolger. Und er hat sich in dieser Angelegen-heit auch korrigiert: Er wollte nicht mir etwas vorwerfen, sondern die Notwendigkeit der Reformen im Ministeri-um unterstreichen; sein Satz war nicht gegen mich, son-dern gegen die Strukturen gerichtet, die ich bereits zum Reformanlass genommen habe. Aber Sätze werden eben gern aus dem Zusammenhang gerissen, um sie dann je-mandem vorzuhalten.

Wie ist es denn nun genau zu dieser historischen Entschei-dung gekommen, die Wehrpflicht auszusetzen? Wie haben Sie die dafür maßgebliche Sparklausur der Bundesregierung im Juni 2010 in Erinnerung?

Es wurde bei dieser Klausur mit relativ harten Ban-dagen um die jeweiligen Interessen gerungen. Das habe ich sehr wohl in Erinnerung. Die Kanzlerin hat zu Recht ein notwendiges Einsparziel gesetzt, das in meinen Augen, auch mit Blick auf künftige Generationen, seine Berechtigung hatte. Und dann hat jeder mit Zähnen und Klauen für sein jeweiliges Ressort gekämpft.

*Waren Sie zunächst noch gewillt, zu sparen, ohne die Wehrpflicht zur Disposition zu stellen?*

Wir hatten im Ministerium ein Einsparpotenzial in Höhe von etwa vier Milliarden Euro errechnet. Das ist eine Menge und hätte bereits härteste Einschnitte bedeutet. Meine Marschroute war: Allen Forderungen, die über diese Summe hinausgehen, komme ich nur nach, wenn ich von der Bundesregierung einen Prüfauftrag bekomme, um zu sehen, ob das auch wirklich machbar ist. Das Sparziel von 8,4 Milliarden Euro für das Bundesverteidigungsministerium, das dann auf der Klausurtagung letztlich beschlossen wurde, war ein enorm hoher Beitrag für eine Bundeswehr, die sich heute in einem komplett anderen sicherheitspolitischen Umfeld befindet.

*Aber Sie hatten auch vor der Klausur schon über die Aussetzung der Wehrpflicht nachgedacht?*

Ja, darüber hatte ich mir bereits Gedanken gemacht, nicht lange vorher, aber von dem Zeitpunkt an, als klar wurde, dass die Bundeswehr in einer gewissen Höhe Personal einsparen musste. Ich hatte mein Amt wenige Monate vorher als glühender Anhänger der Wehrpflicht angetreten. Daraus mache ich auch kein Hehl. Allerdings habe ich mich mit der Idee einer Aussetzung der Wehrpflicht schon vor der Klausur gedanklich sehr intensiv befasst. Und ich meine mich zu erinnern, dass ich diesen Gedanken auch bereits der Kanzlerin mitgeteilt hatte.

Vor der Klausur?

Ja.

Und wie war die Reaktion? Überrascht?

Überrascht, aber ergebnisoffen.

Und zementiert wurde diese Idee dann während der Klausur?

Nein, sie wurde dort nicht zementiert, sondern von mir ins Spiel gebracht, und zwar eigentlich auch gar nicht als Einsparungsvorschlag. Mit der Aussetzung der Wehrpflicht sparen Sie erst mal kein Geld; Sie müssen viel investieren, um eine Freiwilligenarmee aufzubauen. Der Vorschlag war vielmehr eine logische Folge der geplanten Verkleinerung der Armee: Wenn Sie bis zu 40.000 Berufs- und Zeitsoldaten einsparen wollen, können Sie nicht mehr 10.000 Soldaten bereitstellen, die nur für die Ausbildung von 60.000 Wehrpflichtigen zuständig sind. Dass der Vorschlag, die Wehrpflicht auszusetzen, zu diesem Zeitpunkt nicht jedem geschmeckt hat, war auch klar. Aber man musste sich darüber Gedanken machen, wenn man an eine Reform der Bundeswehr herangehen wollte. In dieser Situation reichte blanke Romantik nicht aus. Etwas einfach nur behalten zu wollen, kann kein politischer Maßstab sein.

Sie sagen, Sie hätten diesen Vorschlag »ins Spiel gebracht«. Anderen Berichten zufolge sind Sie nahezu erpresserisch vorgegangen: Wenn man von Ihnen verlange, 40.000 Zeit- und Berufssoldaten einzusparen, dann sei die Abschaffung der Wehrpflicht die notwendige Folge. Hatten Sie sich das vorher überlegt oder war das eine spontane Reaktion?

Spontan daran war zu sagen: Wir gehen weit, aber wir binden es an einen Prüfauftrag. Um so viel Geld einzusparen, muss man beim Personal ansetzen. Alle sagen ja, bei Rüstungsvorhaben lasse sich viel Geld einsparen, aber da lässt sich in den ersten Jahren nur sehr wenig einsparen, weil Sie an Verträge gebunden sind. Und Einsparungen beim Personal in einer solchen Größenordnung mussten zu Konsequenzen bei der Wehrpflicht führen, das war die logische Folge. Da hilft es nicht, in Nostalgie zu schwelgen.

Wie sind Sie in der Runde aufgetreten?
Auf jeden Fall nicht als Rumpelstilzchen!

Was Ihnen aber immer wieder vorgehalten wurde, auch von Teilnehmern dieser Runde, die Ihnen gar nicht so abgeneigt waren.
Ich war in der Sache hart; andere waren das auch. Als es wirklich hart zur Sache ging, war aber nicht die große Runde zugegen. Da erzählen offenbar einige Märchen. Wir saßen zu zweit oder zu dritt zusammen.

Können Sie überhaupt ein Rumpelstilzchen sein?
Ich habe mal gesagt, ich wäre es gern: Wer spinnt nicht gerne Gold aus Stroh? Aber was für ein Jammer, dass ich diese Fähigkeit nicht habe.

Sind Sie manchmal cholerisch?
Nein, ich bin kein Choleriker, ganz und gar nicht. Die, die mich kennen, haben sich über die Bezeichnung »Rumpelstilzchen« sehr gewundert. Ich habe darüber schallend gelacht, das hat mich nicht besonders geärgert. Das Wort zeugt eher von dem Niveau derer, die es verbreiten. Wenn man sich über solche Sachen im politischen Geschäft aufregt, sollte man tunlichst aufhören.

Woran merkt man, dass Sie richtig sauer sind?

Ich werde dann sehr leise.


Haben Sie keine Angst gehabt, dass das Prinzip des Bürgers in Uniform verlorengehen könnte, wenn die Wehrpflicht ausgesetzt wird?

Nein, ganz im Gegenteil. Das konstituierende Prinzip des Staatsbürgers in Uniform gilt ja nicht nur für die Wehrpflichtigen, sondern auch für die Berufssoldaten. Wir müssen es auf die neuen Strukturen übertragen, festigen und stärken. Ein guter Nebeneffekt der Reform war, dass endlich mal wieder eine Debatte über den Staatsbürger in Uniform geführt wurde. Das gab es ja seit Jahrzehnten nicht mehr. Es wurde als von Gott gegeben vorausgesetzt, aber eine wirklich scharfe Überprüfung hat nie stattgefunden.


Befürchten Sie nicht, dass vor allem diejenigen jungen Leute freiwillig zur Bundeswehr gehen, die sonst keine berufliche Perspektive haben?

Man muss den Soldatenberuf so attraktiv gestalten, dass er eine echte berufliche Alternative ist. Das ist nicht zum Nulltarif zu haben, das kostet Geld. Man steht nun im Wettbewerb mit anderen potenziellen Arbeitgebern. Ein junger Mensch muss die Chance haben, bei der Bundeswehr gut ausgebildet zu werden. Und das muss für den Abiturienten aus München genauso gelten wie für den Hauptschüler aus Chemnitz.


Es war zu lesen, dass unter den ersten Freiwilligen auch etliche ungeeignete Kandidaten waren.

Ja. Deshalb war und bin ich für eine Probezeit, das ist für beide Seiten von Vorteil. Was mich sehr befriedigt:

Entgegen aller Unkenrufe hat die Zahl der Freiwilligen die Erwartungen übertroffen.

*Sie haben Ihren Wehrdienst nach dem Abitur bei den Gebirgsjägern in Mittenwald absolviert. Warum haben Sie sich nicht für eine Offizierslaufbahn entschieden?*

Das hatte einen relativ einfachen Grund. Ich wurde damals für zwölf Monate zum Wehrdienst eingezogen und habe freiwillig verlängert. Der Unteroffizierslehrgang dauerte ein halbes Jahr, doppelt so lange wie der Fahnenjunkerlehrgang in der Offizierslaufbahn. Deshalb habe ich mich dafür entschieden, ich wollte einfach eine intensive Ausbildung bekommen. Und ich sage ganz offen, dass es mir Spaß gemacht hat mit den Kameraden, die in der Unteroffizierslaufbahn standen, zu dienen. Ich bin am Anfang doof angeguckt worden, so als Abiturient und auch noch Herr von und zu, aber das hat sich sehr schnell gelegt. Ich habe noch wirklich gute Freunde aus dieser Zeit. Einen davon habe ich in Afghanistan wiedergesehen, er ist jetzt Offizier.

*Wie war das Wiedersehen?*

Er hat sich auch sehr gefreut, wir stehen immer noch in Kontakt. Wir haben uns bei meiner letzten Afghanistan-Reise getroffen, an dem Vorposten, an dem wenig später drei Bundeswehrsoldaten hinterrücks ermordet wurden, nicht mal 24 Stunden, nachdem ich abgereist war.

*Und Ihr Freund blieb unverletzt?*

Gottlob. Er ist ein exzellenter Soldat, es war eine große Freude, ihn wiederzusehen.

*Haben Sie bei der Bundeswehr ein Gefühl dafür bekommen, dass Sie mit Leuten gut können, die eine andere Herkunft haben als Sie?*

Dazu wurde ich immer erzogen. Nachdem ich meine Schulzeit nicht nur in Guttenberg, sondern auch im oberbayerischen Neubeuern und Rosenheim verbracht habe, kam ich auch gar nicht auf die Idee, irgendwie anders zu sein. Mir hat der Kontakt zu Menschen immer unglaublich viel Freude bereitet, ganz egal, welchen Hintergrund sie hatten. Das war sicher auch Teil meiner politischen Leidenschaft. Es gibt nicht furchtbar viel, was ich seit meinem Rücktritt vermisse, aber dieser ständige Kontakt zu Menschen unterschiedlicher Herkunft gehört dazu. Der gehört zwar zu jedem normalen anderen Berufsleben auch, aber in der Politik ist er besonders facettenreich.

*Wenn es Ihnen bei der Bundeswehr so gut gefallen hat, warum sind Sie dann nicht Berufssoldat geworden?*

Ich wollte Jura studieren, das ist wieder so eine Ironie meiner Geschichte. Das wurde auf den Universitäten der Bundeswehr nicht gelehrt.

*Sie wollten Karriere machen?*

Ja. Und meine Familie hatte mir schon sehr früh bedeutet, dass ich später den Betrieb übernehmen soll. Das wäre mit zwölf Jahren Bundeswehr nur schwer unter einen Hut zu kriegen gewesen. Ich musste mich auch während des Studiums um betriebliche Dinge kümmern.

*Als Sie 1991 Abitur gemacht haben, wie viele Ihrer Klassenkameraden sind da zur Bundeswehr gegangen?*

Erschreckend wenige, es war eine verschwindende Minderheit.

Und warum sind Sie dort hingegangen?

Ich wollte das. Mich hat die Ausbildung gereizt, ich wollte ausprobieren, ob das ein Beruf für mich sein könnte und erfahren, was es heißt, sich wirklich unterordnen zu müssen und sich zu bescheiden.

Ist Ihnen das schwergefallen?

Nein, erstaunlicherweise nicht. Ich hatte es zunächst vermutet. Aber es hat mir gefallen, Leistungsmaßstäbe vorzufinden und Verantwortung zu übernehmen. Anders als zu Schulzeiten konnte man nicht auch mal eine Stunde sausen lassen, wenn man keine Lust hatte, das ist bei der Bundeswehr nicht möglich. Die Gebirgsjäger fand ich mit ihren harten physischen Anforderungen damals auch faszinierend, das kam auch noch dazu. Unter dem Strich hat das alles gepasst. Ich habe dort eine sehr erfüllende Zeit verbracht.

Haben Sie nie so etwas wie Schikane erlebt?

Natürlich gab es auch Erlebnisse, bei denen ich mich gefragt habe: Muss man jetzt wirklich vier oder fünf Tage bei Tiefstgraden im Winterbiwak in den bayerischen Alpen schlottern? Manchmal habe ich die Sinnhaftigkeit einer Aufgabe schon in Frage gestellt. Auf der anderen Seite haben solche Erlebnisse die Truppe unheimlich zusammengeschweißt, gerade in solchen Momenten bilden sich Freundschaften heraus oder werden auf die Probe gestellt. Ich habe damit keine schlechten Erfahrungen gemacht. Als Verteidigungsminister habe ich mich dann aber sehr deutlich gegen sinnlosen Drill ausgesprochen. Eine gewisse Härte muss allerdings herrschen, denn man bildet diese jungen Menschen dafür aus, dass sie in Extremsituationen Verantwortung übernehmen und überleben müssen. Und da können Sie sich als Vorgesetzter nicht für jede Liegestütze entschuldigen, die Sie Ihren Rekruten abverlangen.

*Wie würden Sie das Verhältnis beschreiben, das Sie als Verteidigungsminister zur Truppe hatten?*

Der persönliche Kontakt zur Truppe und das direkte Gespräch mit unseren Soldatinnen und Soldaten waren für mich unverzichtbar. Mit die erfülltesten Momente meiner Amtszeit habe ich in diesen Begegnungen erlebt. Ich habe durchgehend gute Erfahrungen gemacht. Wir können sehr stolz sein auf die Qualität, die wir in dieser Truppe haben, und zwar unabhängig von Dienstgraden. Wenn ich mit Soldaten gesprochen habe, war ich immer wieder fasziniert davon, wie sehr sie ihre Probleme auf den Punkt bringen konnten, wie eloquent sie waren. Wenn ich gesagt habe, dass man stolz auf die Soldaten in unserem Land sein kann, dann war das auch keine platte Phrase, sondern ein echtes Anliegen. Dass es immer mal wieder ein paar Ausreißer gibt, wenn man mit so vielen Menschen zu tun hat, ist auch nicht verwunderlich.

*In der Generalität dagegen gab es Ihnen gegenüber auch viel Skepsis.*

Ich habe auch dort sehr viel Unterstützung erfahren. Wenn Sie aber mit Konzepten kommen, die dazu führen, dass manche ihr komplettes Militär- und Weltbild neu sortieren und damit rechnen müssen, dass der eine oder andere Karriereschritt erschwert oder abgeschnitten wird, dürfen Sie sich nicht wundern, dass es auch Skepsis und Ablehnung gibt. Das ist das Normalste der Welt: Wenn Sie etwas verändern wollen, stoßen Sie auf der Spitzenebene immer auf Widerstände.

Musste eigentlich erst ein politischer Frischling kommen, um eine solche einschneidende Neuerung anzustoßen?

Der Frischling war schon ein Überläufer, also ein halb ausgewachsenes Wildschwein. Im Ernst, es bedurfte zweier Komponenten: der Überzeugung von der unbedingten Richtigkeit der einschneidenden Reformmaßnahmen; und der Bereitschaft, nötigenfalls zu scheitern. Und: Ich musste deutlich machen, dass ich es ernst meinte, dass es nicht um meine Person ging, sondern um die dringend gebotene Reform der Bundeswehr.

Ist die Bundeswehrreform die politische Leistung, auf die Sie im Nachhinein am ehesten stolz sind?

Nein, stolz nicht, aber ich freue mich, dass mir gewisse Dinge gelungen sind. Aber ich würde immer sagen, dass der Dank eines Menschen, dem man in einer persönlichen Notlage helfen konnte, genau das gleiche Gewicht hat und im Zweifel sogar länger wirkt als die Freude über eine Reform. In einem Fall helfen Sie einem Menschen, im anderen Fall ordnen Sie eine Organisation – freilich mit weitreichenden Auswirkungen auf einzelne Menschen. Jetzt wollen wir hoffen, dass die Bundeswehrreform nachhaltig ist und die Strukturen für die nächsten zwei Jahrzehnte festgezurrt werden. Das hängt natürlich von der Kraft derer ab, die das jetzt durchführen. Aber ich halte das für machbar, und ich traue es ihnen durchaus zu. In der Bilanz wird man später sagen, dass es eines der wichtigsten Reformwerke der jetzigen Bundesregierung war. Aber Stolz? So etwas lässt das politische Geschäft kaum zu.

*Wenn Sie auf etwas stolz wären, dürften Sie das nicht zeigen?*
Man sollte das, solange man im Geschäft ist, nicht zeigen. Viele können es nicht verbergen, wirken selbstverliebt und das gereicht ihnen dann nicht immer nur zum Vorteil. Aber das ist auch eine Veranlagungsfrage. Ich bin von Herzen gerne stolz auf andere Menschen. Wenn etwa meinen Kindern etwas in einer großartigen Form gelungen ist, erfüllt mich das mit Stolz. Aber der Beruf, der Arbeitstakt hat es in den letzten Jahren einfach nicht zugelassen, dass ich mich auf irgendetwas genügsam ausruhen oder mit völliger innerer Ruhe auf etwas stolz sein konnte. Jetzt, wo ich diese Ruhe etwas mehr habe, sind die Gedanken eher nach vorn als nach hinten gerichtet. Das ist natürlich auch ein Stück weit ein Schutzmechanismus.

*Um nicht immer wieder an die Plagiatsaffäre erinnert zu werden?*
Ja, in manchen Momenten bin ich froh, wenn ich mal nicht mit der Vergangenheit konfrontiert werde. Ich konzentriere mich jetzt noch mehr auf Dinge, die mir Freude machen.

# Kapitel 2

# Herkunft und Prägung

## »Unter dem Strich sehr heilsam« – Familienleben

**Ihr eigener Vater hat Sie einen »Sonnenbub« genannt. Empfinden Sie sich selber auch so?**

Sonnenbub erinnert ja ein wenig an Ikarus, der bekanntlich zu nah an die Sonne herangeflogen ist. Insofern trifft die Bezeichnung möglicherweise zu. Wenn man sie auf mein viel zitiertes sonniges Gemüt bezieht, muss ich sagen: Ich kenne sehr viele unterschiedliche Gemütslagen. Richtig ist, dass ich in sehr behüteten Verhältnissen aufwachsen durfte, angstfrei, wenn man so will.

**Und doch haben Sie als Kind die Trennung Ihrer Eltern erlebt. Ihre Mutter ist aus dem elterlichen Heim ausgezogen, als Sie noch ein kleiner Junge waren.**

Aber sie war nie weg, und sie war eine wunderbare Mutter, auch in der Zeit nach der Trennung. Beide Elternteile haben es auf großartige Weise verstanden, diese Scheidung nicht zum Problem für uns Kinder werden zu lassen.

**Aber die Mutter war 300 Kilometer weit weg von Ihnen.**

Man kann in einer solchen Situation nur darauf hoffen, dass sich das Leben so organisieren lässt, dass die Kinder beide Elternteile regelmäßig sehen. Und dass sie nie das Gefühl haben, dass die Scheidung Gräben zieht. Das ist meinen Eltern, beiden, gelungen.

Es gab in dieser Zeit eine Frau, die sich sehr um Ihren Bruder und Sie gekümmert hat.

Ja, die Frau Lippert, die wir alle Lulla nannten. Sie ist ein großartiger Teil der Familie, hat aber nie die Rolle der Mutter übernommen. Diese Familie hält bis heute zusammen, auch mein Vater und meine Mutter schätzen sich untereinander sehr. Darüber kann man nur glücklich sein.

Ein Kapital, von dem man ein Leben lang zehren kann?

Ein Stärkungskapital, natürlich. Es gibt vermutlich kein Familienleben, das vollkommen reibungsfrei ist. Aber ich bin sehr behütet aufgewachsen, dafür bin ich dankbar.

Es heißt, Sie hätten sich nie richtig mit Ihrem Vater gestritten – und auch nicht gegen ihn aufbegehrt. Stimmt das?

Nein, das ist falsch. Es gab natürlich gelegentlich gewaltige Auseinandersetzungen zweier sehr emotionaler Menschen, unter dem Strich aber sehr heilsam für beide.

Haben Sie Ihren Vater als fordernd erlebt?

So, wie er wohl den seinen auch als fordernd erlebt hat.

Ich kann mir vorstellen, dass es nicht ganz leicht ist, wenn man einen Vater hat, der so bestimmt, so vital ist.

Na gut, aber meine Mutter hatte auch nicht völlig verhuschte und zur Selbstaufgabe neigende Söhne in die Welt gesetzt. Insofern hat uns seine Mentalität nicht erschreckt, sondern eher motiviert.

Hat Ihr Vater auch etwas Egomanisches an sich?

Der Begriff passt überhaupt nicht. Aber natürlich hat er als Künstler eine sehr gesunde Orientierung auf sich selbst.

In beiden Biographien, die es ja schon über den 39 Jahre alten Karl-Theodor zu Guttenberg gibt ...

... was vollkommen lächerlich ist ...

... Aber Sie haben mitgewirkt, zumindest an dem Buch von Eckart Lohse und Markus Wehner.

An der Wehner-Lohse-Biographie habe ich insgesamt ungefähr eineinhalb Stunden mitgewirkt.

Die Autoren haben Ihren Vater besucht und mit Freunden und Angehörigen reden können. Das ist doch sicher mit Ihrem Einverständnis erfolgt?

Das Plazet, bei dem einen oder anderen nachzufragen? Ja, natürlich. Ich habe das Buch aber nicht autorisiert und diese Biographie beschreibt wahrlich nicht alles richtig. Und das ist nicht nur eine subjektive Empfindung, wie sie wahrscheinlich jede biographierte Person hat.

Aus beiden Büchern habe ich viel über Ihr Leben erfahren: Einmal haben Ihr Bruder und Sie sich die Haare gelb gefärbt, Sie nur eine Strähne, Ihr Bruder ganz.

Das ist richtig. Beides hat in der Familie nicht zu unmittelbarem Jubel geführt.

Wie lange haben Sie mit dieser Frisur ausgehalten?

Bis mir die Farbe wieder rausgewachsen war. Es sah ziemlich absurd aus. Mein Bruder hatte viel Freude daran, die ganze Familie damit zu schockieren, was ihm auch nachhaltig gelang. Und ich meine mich zu erinnern, dass er sich die Haare irgendwann wieder in den Ursprungston zurückgefärbt hat.

*Können Sie sich an den Tag erinnern, an dem Sie Klavier spielen sollten, obwohl Sie Schmerzen im Arm hatten?*
Ich kann mich an mehrere solche Tage erinnern. Wir mussten als Kinder üben; und das versuche ich auch meinen Töchtern zu vermitteln: Wenn man ein Instrument gut spielen will, muss man regelmäßig üben.

*Muss man auch üben, wenn man keine Lust dazu hat?*
Ja, auch dann. Ich hatte damals jedoch keine Lust zum Klavierspielen, weil mein Arm nach einer Rauferei mit meinem Bruder sehr schmerzte. Aber mein Vater hat mich nicht nur nachdrücklich gebeten, sondern aufgefordert, trotzdem zu üben. Nach zwei Wochen stellte sich dann heraus, dass meine Speiche glatt gebrochen war. Inzwischen war der Knochen schief zusammengewachsen und musste noch mal gebrochen werden.

*Wie haben Ihre Eltern reagiert?*
Ich glaube, sie meinten dann, dass ich nun auch mal einen gut hätte.

*Sind Sie denn ein guter Pianist?*
Mittlerweile bin ich ein lausiger Pianist, weil ich viel zu wenig spiele. Und wenn ich spiele, dann am liebsten allein. Ich habe ein unsägliches Lampenfieber, wenn ich mich ans Klavier setze und vor Publikum spiele.

*Ist es dann so, als ob Ihr Vater wieder hinter Ihnen stehen würde?*
Nein, aber wenn Sie mich eine Mozart-Sonate vor meinen Töchtern spielen lassen, fühle ich mich bereits selt-

sam unsicher. Sie können mich in einem Bierzelt mit 5000 Menschen reden lassen, aber zwingen Sie mich bitte nicht, vor fünf Leuten zu musizieren.

Was spielen Sie denn gern?
Sehr unterschiedliche Dinge. Aber weil ich es so selten tue, habe ich sicherlich nicht mehr den Ausdruck und die Kunstfertigkeit wie in jüngeren Jahren. Wenn ich die Zeit finde, spiele ich aber gern, auch in Amerika.

Sie haben das Klavier mitgenommen?
Einen kleinen Stutzflügel, ja.

Gab es mal eine Phase in Ihrem Leben, in der Sie Musiker werden wollten? Immerhin ist Ihr Vater Dirigent.
Als mein Bruder und ich so zwölf, dreizehn Jahre alt waren, tauchte die Frage auf, ob wir das Musizieren intensivieren oder vielleicht sogar professionalisieren wollten. Die Entscheidung hat mein Vater aber uns überlassen. Und wir hatten damals beide den Eindruck, dass wir nicht so ein verrücktes Leben wie unser Vater führen wollten, was ...

... Ihnen auch fabelhaft gelungen ist ...
... was dazu führte, dass zumindest mein Leben noch verrückter wurde, ja.

Und dann, so habe ich es gelesen, gab es mal die Option, Springreiter oder Dressurreiter zu werden?
Ja, auch da gab es mal die Option, das weiter auszubauen. Aber das wäre ein Leben gewesen, wo man jedes Wochenende auf Turnieren herumgeturnt wäre. Das

sollte es dann auch nicht sein. Aber ich bin weiterhin ein begeisterter Reiter.

*Ihr Vater gehörte zu den Mitbegründern des BUND, und die historischen Väter der deutschen Umweltbewegung, von Hubert Weinzierl bis Herbert Gruhl, gingen bei Ihnen zu Hause ein und aus.*

Das stimmt, besonders gut kann ich mich an Weinzierl erinnern. Mit ihm habe ich mich auch in den letzten Jahren getroffen, und ich halte ihn für einen ganz großen, unbestechlichen Kopf der Umwelt- und Naturschutzbewegung, der mitunter zu wenig gewürdigt wird. Er ist ein hochinteressanter, sehr analytischer und trotzdem passionierter Charakter, das ist eine Kombination, die man selten sieht.

*Wann haben Sie zum ersten Mal verstanden, wofür Ihr Vater sich da engagiert?*

Schon sehr früh. Die Warnungen vor dem drohenden Weltuntergang habe ich schon als Kind gehört.

*Sich aber nicht davon schrecken lassen?*

Nein. Aber ich bin sehr beeindruckt von der Emphase und auch der Empathie, die mein Vater und seine Mitstreiter aufbringen.

*Sie haben Ihren Vater mal als bekennenden Apokalyptiker bezeichnet, das klingt nicht so positiv.*

Ich habe eine andere Herangehensweise, aber das Thema ist mir unglaublich wichtig.

*Wodurch zeichnet sich Ihre Herangehensweise aus?*

Sie ist pragmatischer und optimistischer. Aber sie ist

sicherlich von den gleichen Szenarien und den gleichen Sorgen geprägt, die auch meinen Vater bewegt haben. Und ich glaube, dass wir politisch auf diesem Feld viel zu wenig tun.

Können Sie sich noch an die Tage erinnern, in denen bei Ihrem Vater der Entschluss reifte, aus der CSU auszutreten?

Ich kann mich an die Debatte erinnern, ja. Es ging darum, dass der damalige bayerische Ministerpräsident Max Streibl nicht an einer Demonstration gegen Fremdenfeindlichkeit teilnehmen wollte. Das war ein Punkt, der damals auch in der Familie diskutiert wurde. Mein Vater ist daraufhin aus der Partei ausgetreten, und ich finde, das verdient durchaus Respekt.

Sie haben ihn dann ja, so schreiben es Lohse und Wehner, auf elegante Weise wieder reingeschmuggelt.

Ich glaube, er ist bis heute nur in Maßen begeistert, wie das geschehen ist. Ich habe in einer Festhalle im oberfränkischen Stadtsteinach geredet. Mein Vater hat sich in diese Halle geschlichen, um mir zuzuhören. Er saß ganz hinten.

Er war neugierig auf Sie?

Ja, und er wurde natürlich erkannt, es entstand eine gewisse Unruhe, woraufhin ich ihn erspäht habe. Ich habe ihn begrüßt und gesagt: Es ist ja allen bekannt, dass mein Vater aus der CSU ausgetreten ist, und die einzige Möglichkeit, dieser barocken Seele wieder den Weg zurück zu ebnen, besteht darin, dass wir ihm ein Parteibuch mit Goldschnitt zukommen lassen.

Großer Applaus?

Relativ groß, ja. Vernichtend für meinen Vater. Er kam aus der Nummer nicht mehr raus. Dafür ist er mir bis heute dankbar ... Sie sehen, wir ziehen uns regelmäßig gegenseitig auf.

## »Ich habe keine Lebensvorbilder, höchstens Situations-vorbilder« – Biographische Orientierungspunkte

Ihre Familie hatte oft Besuch von politischen Persönlichkeiten. An wen können Sie sich erinnern, wer hat Sie geprägt? Auch Helmut Kohl soll gelegentlich bei Ihnen zu Hause gewesen sein.

Da war ich noch nicht geboren oder zu klein, das war zu der Zeit, als mein Großvater noch in der Politik war. Aber Helmut Kohl hat mich trotzdem geprägt. Ich habe als sehr junger Politiker Gespräche mit ihm führen dürfen.

Mit Ende zwanzig, als Sie eingestiegen sind?

Ja, ich war also ein alter Einsteiger, aber ein junger Politiker. Jedenfalls bin ich damals nach Berlin gezogen und hatte immer wieder die Möglichkeit, Helmut Kohl zu besuchen und ihm einfach zuzuhören. Ich durfte dabei auch kritisch sein, wodurch man, entgegen mancher Legenden, auch einen Dialog mit ihm führen konnte – solange man dabei die Höflichkeit wahrte.

Ist Kohl ein Vorbild für Sie?

Nein.

Edmund Stoiber?

Auch nicht. Ich habe keine Lebensvorbilder, höchstens Situationsvorbilder.

Und Ihr Großvater Karl Theodor, der zur Zeit des Kabinetts Kiesinger Parlamentarischer Staatssekretär im Kanzleramt war?

Nein, nicht einmal der. Dazu sind wir zu verschieden. Außerdem kannte ich ihn zu wenig, ich war erst ein Jahr alt, als er gestorben ist.

Es heißt, auch Herbert Wehner sei zu Gast gewesen auf Schloss Guttenberg, um Ihren Großvater zu besuchen.

Ja, das stimmt, es gab regelmäßige Treffen. Mein Großvater ging am Ende seines Lebens davon aus, mit Wehner befreundet zu sein. Es gibt Historiker, die bestreiten, dass es eine solche Freundschaft gab. Ich glaube aber, dass mein Großvater nicht so empfunden hätte, wenn es da nicht echte Sympathie auf beiden Seiten gegeben hätte. Ähnliches gilt vermutlich für sein Verhältnis zu Helmut Schmidt.

Der hat sich im Bundestag kräftig mit Ihrem Großvater beharkt – und dann an seinem Grab eine Rede gehalten.

Beharkt ist gar kein Ausdruck, da flogen nur so die Dreckklumpen! Zumindest haben die beiden sich damals mit rhetorisch interessanterem Rüstzeug bekämpft, als man es heute zu hören bekommt.

Schmidt hat 1959 in einer scharfen Debatte im Bundestag gesagt, es falle schwer, »bei der Polemik des Herrn Baron von Guttenberg nicht zu beklagen, dass die Deutschen niemals eine Revolution zustande gebracht haben, die dieser Art von Großgrundbesitzern die materielle Grundlage entzogen hätte«.

Das war ein grauenvoller Satz, aber wenigstens grammatikalisch richtig formuliert. Das hat man heute ja auch nicht mehr so oft.

*Wie hat es dem Sozialdemokraten Wehner in Ihrem Schloss gefallen?*

Er ist mit einem relativ großen Selbstverständnis da gewesen, glaube ich. Er war damals Fraktionsvorsitzender der SPD und traf meinen Großvater immer wieder mal, auch auf irgendwelchen Tagungsschlössern quer durch die Nation. Von der Dicke der Mauern in Guttenberg wird er also wohl wenig beeindruckt gewesen sein. Eher vom abbröckelnden Putz. Jedenfalls gingen bei uns die unterschiedlichsten Figuren ein und aus, es war immer ein offenes, interessiertes, diskursfreudiges Haus. Es kamen auch viele Künstler, was für meine Entwicklung unglaublich wichtig war, weil sie meinen Horizont erweitert haben.

*Wen lernten Sie da kennen?*

Manchmal saßen da ganz verrückte Gruppen zusammen, denen man nur mit großen Ohren lauschte. Da war alles dabei, das reichte von einem Konzertmeister bis hin zu bekannten Malern; Schriftsteller und Wissenschaftler waren auch immer wieder zu Gast. Wenn zum Beispiel Joachim Kaiser, Joachim Fest und Joseph Rovan an einem Tisch saßen, war das für einen jungen Teenager natürlich hoch spannend. Man hat da zwar meistens nur Bahnhof verstanden, war aber trotzdem fasziniert von manchen Inhalten, die dort eine Rolle spielten.

*Was für ein Geschenk!*

Ein großes Geschenk, ja. Auch, weil wir als junge Menschen dadurch ja aufgefordert wurden, uns selbst einzubringen. Wir waren nicht gezwungen, schweigend am Tisch zu sitzen, man durfte auch ein gewisses Selbstbewusstsein entwickeln und sich äußern. Natürlich ist man dann immer wieder mit Grandezza auf die Nase gefallen, aber das war lehrreich.

Hatten Sie das Gefühl, dass eine besondere Erwartung auf Ihnen lastete?

Es gab eine gewisse Erwartung gegenüber allen Kindern. Aber ich habe das nicht als Last empfunden.

Was wurde von Ihnen erwartet?

Wir sollten einfach Leistung erbringen, ganz egal, in welchen Beruf es uns verschlagen würde. Der Dirigentenberuf war für meinen Vater wohl das, was er am meisten geliebt hat. Aber auch für ihn war es wichtig, diesen Beruf nicht nur als Steckenpferd zu sehen, er sah sich zur Leistung verpflichtet.

Ihr Vater hat 2009 im Interview mit der Süddeutschen Zeitung über die Guttenbergs gesagt: »Wir sind so erzogen worden, dass man für das, was man für richtig hält, zur Not auch sterben können muss.« Wie finden Sie den Satz?

Ich kannte diese Überzeugung auch schon vorher, und man muss den Kontext berücksichtigen. In dem Interview ging es ihm darum, dass sich Familienmitglieder offen im Widerstand gegen den Nationalsozialismus engagiert haben und dafür ihr Leben gelassen haben. Und da hofft wahrscheinlich jeder, dass er in dieser grauenvollen Zeit den Mut gehabt hätte, für das Richtige einzustehen. Ob man dann für seine Überzeugungen gestorben wäre, ist eine andere Frage, man kann nie wissen, wie man sich in einer konkreten Situation tatsächlich verhält. Ich finde den Satz meines Vaters eher erschreckend, wenn ich ihn so höre. Aber ich glaube, er wollte damit seine Hoffnung zum Ausdruck bringen, dass man Widerstand leistet, wenn es nötig ist.

*War Ihre Familie nach Kriegsende wegen dieses Widerstandes Anfeindungen ausgesetzt?*

Ja, das war in den 50er-Jahren wohl so, darüber ist mir berichtet worden. Aber das hat keine große Rolle gespielt.

*Haben Sie sich zu Hause viel mit dem Thema Nationalsozialismus auseinandergesetzt?*

Ja, sehr viel, in unterschiedlicher Art und Weise. Gelegentlich kam es auch zur Legendenbildung.

*Wie meinen Sie das?*

Ich glaube, dass man manchmal dazu neigte, das allzu Menschliche der Familienmitglieder im Widerstand auszublenden und das Heroische ein wenig zu überhöhen. Als junger Mensch hat man dann manche Einzelheit in Frage gestellt, was intensive Debatten und Auseinandersetzungen zur Folge hatte. Das Thema hat mich immer begleitet. Deshalb war es für mich auch einer der berührendsten Momente, als ich, als Vertreter der Urenkel-Generation des Widerstandskreises des 20. Juli 1944, in der Gedenkstätte Plötzensee reden durfte.

*Das war einige Monate nach Ihrer Einführung in das Amt des Wirtschaftsministers, im Juli 2009.*

Für mich war es eine meiner wichtigsten und schwierigsten Reden. Von den Emotionen vergleichbar mit den Grabreden für unsere gefallenen Soldaten. Mir war wichtig, mich von der Phraseologie über das Dritte Reich zu trennen und eigene Gedanken und Empfindungen zum Ausdruck zu bringen.

Ihre Familie und die Familie Stauffenberg sind verschwägert. Hatten Sie einmal Gelegenheit, persönlich mit Nina von Stauffenberg, der Witwe des Hitler-Attentäters, zu sprechen?

Ja, immer wieder, auch als junger Heranwachsender. Ich habe sie als eine sehr offene ältere Dame erlebt.

Was haben Sie sie gefragt, was hat Sie interessiert?

Zum Beispiel, welche Rolle Einsamkeit im Widerstand gespielt hat. Wie groß ihre Angst war, welche Formen des Zweifels es gab. Das waren oft die Einstiegsfragen, und manchmal hat sich daraus dann ein sehr normales Gespräch ergeben. Natürlich habe ich auch nach dem Charakter ihres Mannes gefragt, da war die Auskunft dann etwas dünner.

Warum?

Vielleicht war das einfach ein Stück Schutz.

Welches Bild haben Sie in diesen Gesprächen von Claus Schenk von Stauffenberg bekommen?

Das sehr gesunde Bild eines Menschen und Familienvaters, der nicht nur ein Held war. Das sind Facetten, die häufig ausgeblendet werden, die aber wichtig sind, wenn man eine Person auch nur annähernd verstehen will.

Halten Sie ihn für einen Menschen, der von einigen Aspekten des Nationalsozialismus zunächst durchaus fasziniert war?

Mag sein oder nicht. Aber ihn generell in die Nähe der Nazis zu rücken, wird ihm keinesfalls gerecht.

Er hatte ein ziemliches Standesbewusstsein und hat sich abfällig über Menschen in Osteuropa geäußert, die es zu unterwerfen gelte.

Ich glaube, er war jemand, der, wie viele andere auch, in seinem Leben eine ganze Reihe unterschiedlicher Lehren durchlaufen hat. Tatsächlich hat er sich dann zu einer heldenhaften Tat durchgerungen. Im Leben vieler Widerständler gab es erstaunliche Entwicklungen, ja sogar Brüche in den Überzeugungen. Mein Urgroßonkel Karl Ludwig Guttenberg hat sich zum Beispiel von einem ausgesprochenen Monarchisten zum Demokraten gewandelt. Er ist kurz vor Kriegsende von den Nazis hingerichtet worden. Legendenbildung nutzt niemandem, aber ich finde es problematisch, wenn man das Hauptaugenmerk auf bestimmte Schwächen legt, um damit die Tat herabzuwürdigen – und um auch die Kraft und den Mut, den diese Menschen besessen haben, in einem weniger hellen Licht erscheinen zu lassen.

Mit dem Wort »Held« gehen Sie in diesem Zusammenhang sehr vorsichtig um?
Ja, aber ich glaube nicht, dass man es aus dem Sprachgebrauch verbannen muss.

Sie haben es bei einer Trauerfeier für gefallene deutsche Soldaten benutzt.
Ja.

Bewusst gewählt?
Sehr genau überlegt, ja.

Wo ist die Analogie zum Widerstand von Graf Stauffenberg?
Ich glaube, das ist kaum vergleichbar. Man muss mit Analogien vorsichtig sein, weil man damit beiden Seiten Unrecht tut.

Was ist heldenhaft am Tod eines deutschen Soldaten, der in Afghanistan in einen Hinterhalt geraten ist?

Manche Soldaten haben anderen in einem solchen Hinterhalt das Leben gerettet, bevor sie selbst gefallen sind – ich will und werde diese Soldaten als Helden bezeichnen. Damit erweist man ihnen die Ehre, die sie verdienen. Trotz aller berechtigten Vorbehalte gegen den Begriff.

Sie haben einen anderen umstrittenen Begriff verwendet, als Sie mit Blick auf den Einsatz in Afghanistan von »kriegsähnlichen Zuständen« gesprochen haben.

Ja, und danach auch unumwunden vom »Krieg«. Das war nötig, weil es die Realität widerspiegelt und den rechtlichen Status unserer Soldaten im Einsatz verbessert hat. Aber wir haben uns damit über Jahre ungemein schwer getan.

Verhilft es dem Afghanistan-Einsatz, den die meisten Deutschen ablehnen, zu mehr Akzeptanz, wenn man gefallene Soldaten zu Helden erklärt?

Es geht zunächst einmal darum, den Menschen in Deutschland den Einsatz verständlicher zu machen. Das ist der erste Schritt, den wir zu gehen haben. Auf dieser Grundlage kann dann hoffentlich auch Akzeptanz wachsen. Wobei ich mich keiner Illusion hingebe: Diejenigen, die den Afghanistan-Einsatz akzeptieren oder sogar begrüßen, werden in Deutschland nie in der Mehrheit sein.

Es kann aber auch Heldenpathos entstehen, das manipulativ wirkt.

Ja, das kann durchaus passieren. Umso klarer muss man den Begriff begründen.

Seit der erneuten Heirat Ihrer Mutter gibt es in Ihrer Familie eine weitere Person, deren Name untrennbar mit dem Nationalsozialismus verbunden ist, allerdings mit der anderen Seite: Ihr Stiefvater ist Adolf von Ribbentrop, Sohn des ehemaligen Reichsaußenministers und Patenkind Adolf Hitlers. Haben Sie noch Kontakt zu ihm?

Ja, natürlich. Und ich habe ihn als einen wundervollen Menschen schätzen und lieben gelernt. Ich glaube nicht ansatzweise an den idiotischen Gedanken der Sippenhaft. Deswegen bitte ich um Verständnis, dass ich diesen Aspekt nicht weiter vertiefen möchte.

Auch Ihr Vater hat nach der Scheidung wieder geheiratet. Stimmt es, dass seine jetzige Frau, die nur wenige Jahre älter ist als Sie, die Tochter eines in der Wolle gefärbten italienischen Kommunisten ist?

Ja.

Wie bei Don Camillo und Peppone!

Ich erinnere mich an wunderbare Diskussionen zwischen meinem Vater und diesem beeindruckend geradlinigen kommunistischen Herrn.

In welcher Sprache haben sich die beiden unterhalten?

Ein Dirigent tut gut daran, wenigstens ein paar Brocken Italienisch zu beherrschen. Die beiden haben geradebrecht, es war ein Sprachengemisch. Trotzdem entstand eine hochpolitische Diskussion. Das war schon bizarr, aber die Situation war von großer Liebenswürdigkeit geprägt, man hat sich gegenseitig ernst genommen. Das hat bei uns immer eine Rolle gespielt: Ganz egal, wie verquer jemand in seinen Ansätzen ist, so lange er sie mit Überzeugung und Geradlinigkeit vertritt, ist ihm mit Respekt zu begegnen. Nur wenn man merkt, dass jemand beginnt, gewisse Dinge zu instrumentalisieren, ist Misstrauen angebracht. Aber geradlinige Kommunisten sind gelegentlich in unserem Haus ein- und ausgegangen.

**Der Vater Ihrer Stiefmutter blieb Kommunist, auch nach dem Fall der Mauer?**

Der blieb Kommunist bis zum Schluss, ja. Er hat sich in Oberbayern begraben lassen. Bei der Beerdigung spielte eine Blaskapelle, und die »Internationale« kam vom Plattenspieler. Das war sein Wunsch.

**Waren Sie dabei?**

Ja, wir Kinder waren dabei. Das war unglaublich.

**Und Sie standen mit geballter Faust am Grab?**

Höchstens mit der Faust in der Tasche. Die Internationale steht ja auch nicht im Gotteslob ...

**Wie hat die bayerische Gemeinde dieses Begräbnis aufgenommen?**

Mit Humor.

**Gibt es sie also doch, die Liberalitas Bavariae?**

Die gibt es, und die sollte man auch nicht unterschätzen.

**Sie haben in Ihrer Kindheit eher wenig auf Schloss Guttenberg gelebt. Wie kam das?**

Wir sind bei unserem Vater aufgewachsen. Und den größten Teil unsere Kindheit haben wir in Neubeuern in Oberbayern verbracht, wo damals mit dem Neubeurer Chor für meinen Vater ein musikalischer Schwerpunkt lag. Mein Bruder und ich haben unseren Vater auf seinen Tourneen quer durch die Weltgeschichte begleitet. In manchen Ferien haben wir mehr Zeit im Dirigierzimmer verbracht als an irgendwelchen Stränden. Das hat uns aber insgesamt sehr positiv geprägt.

*Haben Ihre Mitschüler Sie nicht als etwas Besonderes angesehen?*

Nein, ganz und gar nicht. Und wenn ich versucht hätte, mich wichtig zu machen, hätte ich in Oberbayern auch sofort etwas auf die Nase bekommen. Man hatte sich mit seinen Stärken und Schwächen da einzugliedern wie jeder andere auch. Es wurde sich lustig gemacht über den Namen, und dann musste ich damit umgehen.

*Wie lautete Ihr Spitzname? Es gab ja ziemlich viele Auswahlmöglichkeiten ...*

Es gibt eine liebevolle oberbayerische Art, mit Nachnamen umzugehen, indem man »ei« hinten dranhängt. Ich war dann eben der »Guttei«. Aber das war liebevoll gemeint, nicht despektierlich.

*Ihr Vater hat mal gesagt, Sie hätten Ihre Mitschüler genervt, weil Sie immer etwas bewegen wollten.*

Davon weiß ich nichts. Ich bin überrascht, wie oft mein Vater in meiner Schulklasse saß ... Aber gut: Ich bin meinen Mitschülern mit Sicherheit auch immer mal wieder gewaltig auf den Wecker gegangen, das kann schon sein.

*Womit?*

Es hat mir immer Freude gemacht, sehr hart zu diskutieren. Das könnte ein Grund gewesen sein.

Sie haben Ihre Schulzeit mit den Worten beschrieben: »Ich habe es immer geschafft, mit relativ geringem Aufwand relativ weit zu kommen.«

So war das in der Schulzeit, ja. Ich war sicherlich nicht der Fleißigste, das ist wohl wahr.

Wenn Sie so einen Satz hören, befürchten Sie dann gleich, dass er als Muster für Ihren weiteren Lebenslauf gelten könnte?

Ja, man ist mittlerweile genug politisch trainiert, um zunächst den Fallen-Charakter in einer Aussage zu sehen. Und trotzdem muss man sich zunächst mal selbst überprüfen und fragen, ob das zutrifft. Und ich denke nicht, dass das auch nur ansatzweise für mein weiteres Leben zutrifft.

Es ist gelegentlich betont worden, dass Sie auch als Minister nicht gerade ein Aktenfresser gewesen seien.

Das ist eine Fehleinschätzung. Ich habe enorm viel gelesen.

Wann haben Sie das gemacht, bei dem Programm, das Sie zu bewältigen hatten?

Spätnachts.

Sie haben die Akten mit nach Hause genommen?

Natürlich. Wenn ich nachts unterwegs war, habe ich sie auf den Knien im Auto gelesen. Das Klischee vom Aktenverweigerer, das trifft auf mich wirklich nicht zu. Dazu habe ich ein viel zu großes Interesse an den Inhalten. Und wenn ich Entscheidungen getroffen habe, wollte ich das immer auf substanzieller Grundlage tun. Das war der Anspruch.

Ihr Vater hat auch schwierige Zeiten erlebt, er hat Schulden von Ihrem Großvater geerbt und war zeitweise wegen seiner politischen Orientierung auch bei den örtlichen Honoratioren isoliert. Haben Sie davon etwas mitbekommen?

Ja, mein Vater hat nie mit seinen Sorgen hinterm Berg gehalten. Auch als mein Bruder und ich noch klein waren, hat er uns an seinen Emotionen teilhaben lassen. Das ändert aber nichts daran, dass ich von einer glücklichen Kindheit reden kann. Es kommt ja nicht darauf an, ob man die Möglichkeit hat, jeden Tag ein viergängiges Mittagessen zu bekommen oder mit dem besten Kettcar ausgerüstet zu werden. In meinen Augen bemisst sich das Glück an der Frage, ob man Familie und Geborgenheit erleben darf. Dieses sehr alte und fast vergessene Wort »Geborgenheit« finde ich ungemein wichtig. Und ich habe mich geborgen gefühlt. Auch wenn meine Familie in dieser Zeit viele Sorgen hatte, was man als Kind durchaus gespürt hat.

Wer hat die Familie denn wirtschaftlich saniert?

Das war ganz wesentlich mein Vater. Er hat neben seiner künstlerischen Ader ein großes wirtschaftliches Geschick entwickelt. Und er hat meinen Bruder und mich sehr früh mit diesen Fragen vertraut gemacht. Schon als wir Teenager waren, hat er uns die Zusammenhänge erklärt, später, noch vor dem Abitur, hat er uns in die wirtschaftlichen Entscheidungen mit eingebunden.

Waren Sie auch an der Entscheidung beteiligt, die Familienanteile an der Rhön-Klinikum AG zu verkaufen? Damit sind Sie im Jahr 2002 reich geworden.

Ja, an dieser Entscheidung war ich aktiv beteiligt. Ich saß zu dieser Zeit für die Familie im Aufsichtsrat der

AG. Dies und die Neuaufstellung des Betriebs waren sehr fordernde Prozesse. Den Börsengang 1988 hat die Familie zwar nicht operativ gemanagt, aber wir haben ihn maßgeblich mitgetragen. Mein Bruder und ich waren bereits als Jugendliche mit gewissen Entscheidungsabläufen vertraut.

Wir haben über Claus Schenk von Stauffenberg und Ihren Urgroßonkel Karl Ludwig gesprochen, die beide im Widerstand waren. Wenn man solche Ahnen hat, hat man dann manchmal das Gefühl, dass man in seinem Leben nichts schaffen kann, was auch nur annähernd so bedeutsam ist?

Ja, die Gefahr gibt es. Deshalb muss man sich von dieser Blaupause trennen. Das ist ein langer Prozess, insbesondere dann, wenn viele Teile der Familie immer wieder und mit großem Nachdruck auf diese Geschichte hinweisen. Aber wenn man erst mal sieht, wie viele Möglichkeiten es gibt, in unterschiedlichsten Bereichen Spitzenleistungen zu erbringen, dann schafft man das. Diese Leistungen mögen nicht heldenhaft sein, aber sie können einen Beitrag für kommende Generationen leisten.

Das ist Ihr Anspruch?

Das ist für mich ein Grundanspruch meines Lebens. Man muss die kommende Generation im Blick haben und einen Beitrag leisten und sich nicht einfach mit seinem Leben zufrieden geben.

Nach den Erfahrungen und dem Zeugnis in Ihrer eigenen Familie: Haben Sie eine eigene Deutung, wie eine Kulturnation wie Deutschland der Barbarei des Nationalsozialismus verfallen konnte?

Ich glaube, dass man die Erklärung nur zu einem gewissen Teil an der Nationalität festmachen kann. Ich meine, das hat etwas mit der Natur des Menschen zu tun, die sich nicht an Grenzen festmachen lässt. Trotzdem ist das Ausmaß des Nationalsozialismus ohne jedes Beispiel, und es verbietet sich auch, Vergleiche zu ziehen.

Sie glauben, es gab keine spezifisch deutschen Faktoren?

Es mag sein, dass solche Faktoren, über die es ja eine kontroverse Geschichtsschreibung gibt, mit hineinspielen. Manche setzen mit ihren Erklärungen schon lange vor dem 20. Jahrhundert an, andere sehen die Auswirkung des Ersten Weltkriegs oder die Entwicklung in den zwanziger Jahren als entscheidend an. Natürlich spielen solche Faktoren ebenso mit hinein wie die geographische Lage Deutschlands. Aber der Urgrund ist meiner Ansicht nach im Menschen zu suchen und in seinen möglichen Verhaltensweisen.

Dass Menschen überall auf der Welt zu schrecklichen Gewalttaten fähig sind, ist sicherlich eine anthropologische Konstante. Aber das systematische Ausgrenzen und Dämonisieren, das fabrikmäßige Morden ...

Dieser Vernichtungswille war sicher einzigartig, ja. Was ich aber auch sagen will: Selbst nach der Erfahrung des Grauens des Dritten Reiches ist der menschliche Vernichtungswillen keineswegs eingedämmt. Wenn man zum Beispiel nach Afrika blickt, sieht man, dass es ganz aktuelle Fälle von Genozid gibt, bei denen auch eine Rassenfrage eine Rolle spielt. Es ist jedenfalls ein Irrtum zu glauben, dass Nationalsozialismus und Holocaust Abschreckung genug gewesen wären, um so etwas nie wieder geschehen zu lassen.

Halten Sie wenigstens uns Deutsche für immunisiert?

Ich habe die große Hoffnung, dass das so ist. In Deutschland gab und gibt es immerhin eine nicht immer ganz fehlerfreie, aber doch kluge Auseinandersetzung mit der Geschichte, und die Gegenbewegungen sind immer schwächer geworden. Leider gibt es auch heute in unserem Land unfassbare rechtsradikale Wirrköpfe, die beängstigende Dinge von sich geben, aber die haben gottlob keine Mehrheiten hinter sich. Wahrscheinlich wird man solche Idioten nie ganz vermeiden können.

War der norddeutsche protestantische Adel anfälliger für den Nationalsozialismus als der süddeutsche katholische?

Ich glaube, dass dieser Gedanke in seiner Pauschalität nicht zutrifft.

Hat das Katholische keine Rolle gespielt?

Im Kreisauer Kreis haben Protestanten und Katholiken zusammengearbeitet. Und auch in der Katholischen Kirche gab es Anfälligkeiten für den Nationalsozialismus, das ist ja bekannt. Ebenso Helden, zum Beispiel der damalige Erzbischof von Münster von Galen oder Pater Maximilian Kolbe.

Ihre Familie ist vom Protestantismus zum Katholizismus konvertiert.

Ja, die Familie hat seit der Reformation in den letzten Jahrhunderten mehrfach konvertiert. Heute ist der Ortspfarrer in Guttenberg evangelisch und wir sind seit einigen Generationen katholisch. Irgendwann hat die Gemeinde Guttenberg die Konversionen der Familie Guttenberg nicht mehr mitgemacht. Irgendwie nachvollziehbar.

*Sie sind noch Patronatsherr, haben also ein Mitspracherecht bei der Einsetzung des Pfarrers?*

Wir sind Patronatsherr, ja, auch noch von einer anderen Kirche, die etwas weiter entfernt liegt. Wir unterstützen beide finanziell, und es war mir immer ein großes Anliegen, das auch beizubehalten.

*Einige Tanten von Ihnen haben Theologie studiert.*

Flächendeckend. Alle drei Schwestern meines Vaters haben Theologie studiert.

*Inwiefern hat Sie der Katholizismus geprägt?*

Ich habe eine ziemlich robuste Grundlage für eine andauernde tiefe inhaltliche Auseinandersetzung mit dem Glauben.

*Was heißt das?*

Der Glaube berührt mich jetzt wieder sehr, aber ich kenne auch Zweifel.

*Sie haben ein erwachsenes Verhältnis zum Glauben?*

Ja. Obwohl es natürlich immer wieder in kindliche Romantik gleitet. Aber es gibt eben auch manche Punkte, die ich sehr kritisch sehe, wenn es um die Amtskirche geht. Ich denke da zum Beispiel daran, was Teile des Bodenpersonals Gottes so anstellen. Es war in unserem Haus üblich, sehr intensiv und manchmal lautstark über die Auswüchse der Katholischen Kirche zu diskutieren. Das hat uns Kinder schon geprägt. Aber ich bin sicher kein Agnostiker, es macht mir Freude, mich mit dem Glauben zu beschäftigen. Und ich freue mich, wenn andere tief glauben können, weil mir das eben ungemein schwer fällt. Was ich grauenvoll finde, ist ostentative Bigotterie.

*Wo sehen Sie diese Bigotterie?*

Wenn die abgewetzten Kniescheiben mit dem Lebenswandel nicht in Einklang zu bringen sind. Wenn jemand also zum Beispiel Schwulen das Beten als Mittel gegen ihre sexuelle Orientierung empfiehlt, privat aber seine homoerotischen Neigungen auslebt, dann ist das nicht zu ertragen.

*Finden Sie es schwierig, als Katholik Ihren Glauben angesichts der Verfehlungen der Amtskirche zu verteidigen?*

Ich finde jedenfalls, dass man auch unabhängig von und trotz der mitunter berechtigten Kritik an der Kirche zum Glauben finden kann.

*Haben Sie Papst Benedikt XVI. einmal kennengelernt?*

Ja, wir haben ein paar Worte gewechselt. Ich fand zuletzt den ersten Band seines Jesus-Buchs hochinteressant, den zweiten habe ich noch nicht gelesen. Er ist zweifellos ein sehr kluger Mann – und mit der Gabe ausgestattet, auch hochkomplexe Dinge so schreiben zu können, dass sie einem breiten Publikum verständlich werden.

*Welche Bedeutung hat die Beichte für Sie? Würden Sie sagen, dass das so etwas wie Psychoanalyse ist?*

Dieser Deutung würde ich zumindest nicht widersprechen. Die Beichte hat ja erst mal etwas Erschreckendes. Ich kenne jedenfalls kein Kind, das vor seiner ersten Beichte keine Angst gehabt hätte. Aber ich kenne auch kaum eines, das hinterher nicht erleichtert und beglückt gewesen wäre. Wenn man das Glück hat, einen guten Seelsorger zu finden, dann kann einem das in gewissen Lebenssituationen schon sehr helfen.

Was kennzeichnet für Sie heute aristokratisches Verhalten?

Jedenfalls nicht die Herkunft. Aristokratisches Verhalten wird nicht durch die Herkunft bestimmt, es folgt einem Grundmuster des Denkens, das jedem Menschen innewohnen kann. Dazu gehört zunächst einmal Prinzipienfestigkeit. Das sagt sich so einfach, aber eigentlich ist es eine kaum erreichbare Aufgabe, an der die meisten Menschen scheitern. Auch mir ist das, wie alle wissen, in einem Punkt passiert. Man muss sich deshalb ständig überprüfen, vor allem an seinen Prinzipien messen lassen und bei einem eventuellen Scheitern diese trotzdem weiter beherzigen. Außerdem sollte man, wenn man von etwas überzeugt ist und entsprechend handelt, Widerspruch zulassen und sich auf einen Diskurs einlassen. Wichtig ist auch, im Gegenüber immer den Menschen zu sehen. Das, was ich als aristokratisches Verhalten bezeichnen würde, hat also nichts mit dem Namen zu tun, den jemand trägt.

Finden Sie denn Beispiele für solches Verhalten außerhalb der Aristokratie?

Im Tagestakt. Eine Mutter, die sich um ihr behindertes Kind kümmert kann in diesem Sinne ebenso »aristokratisch« handeln wie ein Unternehmer, der seine Firma durch widrigste Umstände steuert, ohne dabei die Menschlichkeit außer Acht zu lassen. Ich mache diesen Begriff nicht an der sozialen, sondern an der erlebten Klasse eines Menschen fest.

Glauben Sie, dass solche Eigenschaften vererbt werden können?

Ich glaube nicht an genetische Determination. Aber in manchen aristokratischen Familien gibt es Erziehungsmaßstäbe, die von Generation zu Generation weitergegeben werden. Aber das finden Sie in einer alten Bauernfamilie ganz genauso.

In fast allen aristokratischen Familien, die ich kenne, gilt übertriebener Ehrgeiz als spießig.

Auch dieses Phänomen kann in einer bräsigen Freiherrnfamilie ebenso vorkommen wie in einer Familie Müller-Lüdenscheidt.

Menschen, die aus einfacheren Verhältnissen stammen, haben vielleicht eine größere Motivation, sich emporzuarbeiten und durch Leistung etwas Besonderes zu werden.

Ich glaube, das ist in sogenannten adligen Familien ganz genauso. Übertriebener Ehrgeiz ist natürlich etwas anderes.

Wie groß ist Ihr eigener Ehrgeiz?

Ausgeprägt. Aber es geht dabei nicht um mich, sondern um diejenigen, denen zu dienen man berufen ist. Und die Menschen, die einem anvertraut werden. Je größer ihre Zahl ist, desto größer muss der Ehrgeiz sein. Und er kann sich dann auch mal überschlagen. Aber der Ehrgeiz, der nur auf die eigene Person bezogen ist, sollte nie zu groß werden. Ob man vor dem immer gefeit ist – wer weiß?

Halten Sie Ihr Verständnis von aristokratischen Tugenden in Adelskreisen für mehrheitsfähig?

Muss ich mich nach Mehrheiten ausrichten? Vieles was ich in den letzten Jahren gesagt habe, war vordergründig alles andere als mehrheitsfähig. Bis hin zur Abschaffung der Wehrpflicht.

Kennen Sie aristokratischen Dünkel?

Ja. So etwas ist mir schon sehr früh auf den Wecker gegangen. Ich habe mich darüber auch immer lustig gemacht.

Haben Männer wie Stauffenberg oder Ihr Urgroßonkel dazu beigetragen, das Image des Adels in Deutschland aufzupolieren?

Nur bedingt. Es gab ja auch andere Verhaltensweisen während des Dritten Reichs. Ihr Widerstand war aber zumindest ein Ausgangspunkt für manche Debatte. Heute ist es so, dass die meisten Adligen zwar ihren Titel tragen, was der Rechtslage entspricht, ansonsten aber ein ganz normales Leben führen. Daneben gibt es einige, die meinen, einen glanzvollen Namen vor sich hertragen und auf glanzvollen Partys erscheinen zu müssen, dann aber durch alles andere als glanzvolles Verhalten auffallen und Prinzipien mit Füßen treten.

Und doch sind viele Menschen auch heute noch von Adelstiteln fasziniert.

Na ja, dass ein langer Name zur Polarisierung führen kann, merkt man schon, wenn man eine Grenze übertritt. Wenn ich meinen Pass vorzeige, kommt es schon mal vor, dass einige Grenzbeamte in schallendes Gelächter ausbrechen. Oder sie geraten in Verzweiflung, wenn das Screening nicht funktioniert und sie meinen Namen eintippen müssen.

**»Ich sah die latente Gefahr, überschätzt zu werden« –
Faszination und Preis der Macht**

Die Deutschen gelten gelegentlich als ein Volk von Neidern. Haben Sie sich oft beneidet gefühlt?

Nur in manchen Kommentaren war so etwas zu spüren. Und natürlich gibt es auch in der Politik Neid. Politik ist ein Geschäft, das, wie jedes andere auch, von menschlichen Regungen, auch von Missgunst geprägt ist. Wenn jemand in erstaunlicher Geschwindigkeit gewisse berufliche Hürden nimmt, werden Sie solche Reflexe wahrscheinlich in nahezu jedem Beruf feststellen.

Wie äußern sich solche Reflexe?

In schlichten Umgangsformen der Menschen miteinander. Durch Distanz oder durch eine besondere Nähe. Oder durch plötzliches Umdrehen. Das ist nicht anders als in der Führungsebene eines großen Unternehmens, in der Konkurrenz um Positionen herrscht. Man kann nur für sich selbst hoffen, dass man möglichst neidfrei ist.

Sind Sie das?

Ich hoffe schon. Aber ich gebe zu, dass ich in den letzten Jahren manchmal neidisch war auf Menschen, die ein komplett selbstbestimmtes Leben führen können und viel persönliche Freiheit haben. Aber das habe ich nicht als ungesunden Neid empfunden, sondern eher als Ansporn, es selbst besser zu machen.

Wenn es im politischen Betrieb so zugeht wie in jedem anderen Unternehmen, warum haben Sie dann, als Sie noch Minister waren, Freunden gegenüber immer wieder Ihr Erschrecken über den politischen Alltag zum Ausdruck gebracht?

Im politischen Alltag werden die Dinge oft nicht in der Tiefe betrachtet und ergründet. Der Rhythmus lässt dies kaum zu. Unglaublich viel wird auf Ad-hoc-Ebene entschieden. Dem kann man sich kaum entziehen, aber es hat mich immens gestört. Ich beklage schon ein gewisses Maß an Oberflächlichkeit und Sprunghaftigkeit in der Politik. Viele im politischen Geschäft verspüren den Wunsch, dass man sich angesichts der wachsenden Komplexität mehr Zeit lässt für eine substanzielle Debatte.

*Gilt das Ihrer Meinung nach auch für Journalisten?*

Ja, da kann man große Leitartikler und bekannte Moderatoren ebenso in die Pflicht nehmen wie jemanden, der in hervorgehobener Position in der Politik steht. Und man muss sich selbst auch immer wieder fragen, ob es einem gelingt, in die Tiefe zu gehen. Da kann man immer wieder scheitern.

*Was hat Sie in der Politik noch erschreckt?*

Der zweite Punkt, der mich immer erschreckt hat, war die nahezu unbedingte Bindung gewisser Entscheidungen an Wahltage.

*Politiker möchten wiedergewählt werden, vermutlich überall auf der Welt!*

Ja, aber deshalb muss einem diese Abhängigkeit doch nicht gefallen. Vor allem dann, wenn man weiß, dass manche Kollegen nicht das vertreten, wovon sie überzeugt sind, weil sie es für nicht wahltagsopportun halten. Damit wollte ich mich nicht abfinden. Dann gibt es im politischen Geschäft diese Neigung zu Überhöhung und zur »Unterhöhung«: Erst wird jemand in die Höhe gehoben, dann wieder heruntergeholt, wenn auch nicht immer komplett abgeschossen. Das nenne ich »unterhöhen«.

Läuft man nicht auch Gefahr, sich selbst zu überschätzen, wenn einem so viel Aufmerksamkeit zuteil wird, wie das bei Ihnen der Fall war?

Darüber habe ich oft mit Freunden gesprochen. Die latente Gefahr überschätzt zu werden, sah ich. Das mag erstaunlich klingen, weil es nicht zu meinem durchaus ausgeprägten Selbstbewusstsein zu passen scheint. Aber das ist etwas, das mich Zeit meines politischen Lebens begleitet hat und das ich immer wieder als Sorge zum Ausdruck gebracht habe.

Sie hatten Angst vor zu hohen Erwartungen?

Vor zu hohen Erwartungen und eben davor, in meinen Fähigkeiten überschätzt zu werden. Weil man weiß, dass man gewisse Fähigkeiten einfach nicht hat.

Was können Sie nicht?

Genug. Jeder Mensch hat Schwächen. Man kann davor die Augen verschließen, dann werden sie ein blinder Fleck, oder man kann an ihnen arbeiten. Ich neige zu Letzterem. Ich bin aber auch jemand, der große Schwierigkeiten hat, sich als Generalist in alle Bereiche zugleich einzuarbeiten. Hierzu bräuchte man ein nahezu fotografisches Gedächtnis. Einige wenige haben das, was ich immer bewundert habe. Ich könnte mir noch nicht mal meine eigenen Gedichte merken.

Sie schreiben Gedichte?

Ja, immer noch, wenn ich unterwegs bin. Ich habe sie

allerdings nie jemandem gezeigt. Sie sind vermutlich von erbärmlicher Qualität.

*Sicher?*

Weiß ich nicht. Aber es gelingt mir nicht einmal, mir Gedichte zu merken, wahrscheinlich, weil das Training fehlt. Ich glaube allerdings, dass ich ein gutes Personengedächtnis habe. Ich merke mir Personen durch Situationen und habe zu einem Gesicht oft eine Geschichte im Kopf.

*Hat man Sie überschätzt?*

Große Ausschläge gab es nach oben wie nach unten. Zeitweilig hat man mich mit Eigenschaften, Erwartungen und Attributen in Verbindung gebracht, die kein Mensch einlösen kann. Umso wichtiger ist es seine Grenzen zu kennen. Umgekehrt gilt das genauso für viele negative Charakterisierungen und Schmähungen, die ich unmittelbar vor und nach meinem Rücktritt erfahren habe. Und hier ist es umso wichtiger, seine Stärken zu kennen.

*Zählt es zu Ihren Stärken, dass Sie ein Instinktpolitiker sind?*

Ja, aber ich würde ungern auf diesen Begriff reduziert werden.

*Das ist doch nichts Ehrenrühriges, wenn man darunter jemanden versteht, der die Konsequenzen aus der Situation zieht und eine Gelegenheit beim Schopf packt. Helmut Kohl, Gerhard Schröder, Joschka Fischer – in meinen Augen sind das alles Instinktpolitiker.*

Helmut Schmidt gehört sicher auch dazu. Wie er auf das Hochwasser in Hamburg oder auf manche außenpolitische Frage reagiert hat, das war Instinkt. Ich finde es sehr schön, dass ich einige seiner politischen Weggefährten jetzt ab und zu in den USA treffe; das macht mir immer viel Freude.

Henry Kissinger ist zum Beispiel ein enger Freund von Schmidt ...

Ja, und ich bin sehr glücklich, dass ich seit vielen Jahren bei Kissinger lernen darf. Er kannte meinen Großvater und hat mir die Tür geöffnet, als ich ein junger Student war. Seitdem durfte ich, wann immer ich in New York war, bei ihm aufschlagen.

Für meine Generation, ich bin ja älter als Sie, verkörpert Kissinger auch die zynische Machtpolitik, etwa in seiner Haltung zu Chile.

Ja, man muss dabei aber auch bedenken, dass er in komplexen Situationen Entscheidungen treffen musste. Er ist wirklich eine der außergewöhnlichsten außenpolitischen Größen, die nicht so breit gestreut sind. Er vereint Intellekt und Instinkt.

Kissinger steht auch für das Prinzip, dass der Zweck fast alle Mittel heiligt.

Diesem Satz würde ich in seiner Allgemeinheit nicht zustimmen. Ich glaube aber, dass Kissinger mittlerweile in einigen Punkten auch zur Selbstkritik fähig ist.

Zurück zu Kohl, Fischer, Schröder und Schmidt ...

... das sind so unterschiedliche Charaktere! Sie mögen diesen Instinkt gemeinsam haben, aber sonst muss man schon differenzieren. Und ich würde es auch nie wagen, mich in diese Liste einzureihen.

Würden Sie sagen, dass das alles außergewöhnliche Figuren waren, die sich um die Bundesrepublik verdient gemacht haben?

Ja, durchaus. Ich habe auch kein Problem damit, Leistungen von Joschka Fischer anzuerkennen.

*Auch sein Nein zum Irak-Krieg?*
Ich glaube, dass das Nein zum Irak-Krieg keine falsche Sache war. Es war damals sicher eine der schwierigsten Entscheidungen, auch für einen Joschka Fischer. Und ich kann mir vorstellen, dass er stärker hin- und hergerissen war, als er das möglicherweise selbst einräumt.

*Haben Sie denn eine Erklärung dafür, warum Sie von einem großen Teil der Bevölkerung so gemocht wurden und offenbar immer noch werden?*
Nein.

*Das nehme ich Ihnen nicht ab.*
Ich habe versucht, mir das zu erklären. Vielleicht liegt es daran, dass ich mit meiner Meinung nicht hinterm Berg gehalten habe, ganz egal, ob das der Parteilinie entsprach oder nicht. Den alten Spruch »aus seinem Herzen keine Mördergrube machen« mit Leben zu füllen, das hat womöglich an der einen oder anderen Stelle überzeugt. Außerdem war es mir immer wichtig, nicht nur meine Position zu begründen, sondern auch zu erklären, warum ich unter bestimmten Umständen von einer Position abrücke. Ich wollte die Menschen an meinen Entscheidungsprozessen teilhaben lassen.

*Das könnte der rationale Teil der Erklärung sein. Gibt es auch einen irrationalen Teil, um das Phänomen Guttenberg zu erklären?*
Den kann ich nicht finden.

*Haben Sie sich manchmal als Projektionsfläche gefühlt?*

Projektionen gab es vielleicht, aber ich weiß nicht genau, wie sie abliefen.

*Junger Edelmann, schöne Frau, finanziell unabhängig ...*

Das sind doch im Grunde alles politische Anti-Klischees!

*Es sind jedenfalls alles unpolitische Aspekte.*

Als ich damals mit dem Gedanken spielte, in die Bundespolitik zu gehen, habe ich von mehreren Seiten zu hören bekommen: Ein Freiherr, ein unabhängiger Kopf, der noch nicht einmal mit Blick auf seine Körperfülle den Erwartungen entspricht, kann in diesem Geschäft überhaupt keinen Blumentopf gewinnen. Als ich mich dann auch für den Auswärtigen Ausschuss bewarb, war für viele gleich klar: Das kann nie etwas werden.

*Aber Sie waren selbstbewusst?*

Ja, und mich hat das einfach interessiert. Ich habe von Anfang an immer versucht, den Kontakt zu den Menschen zu suchen, gerade auch in Oberfranken. Das habe ich zu Hause gelernt: Dass man eben nicht irgendwelchen Erwartungshaltungen entsprechen, sondern in aller Offenheit auf die Menschen zugehen soll. Es hat mir nie Schwierigkeiten bereitet, mich beispielsweise in ein Bierzelt zu stellen und jene zu ärgern, die anfangs gesagt haben: Wenn man jemanden dort nicht hinstellen kann, dann ist das der Guttenberg.

*Für die meisten Menschen ein Albtraum, ein Bierzelt in Wallung zu bringen.*

Für mich nicht. Wenn Sie die Menschen ernst nehmen, müssen Sie Bierzelte lieben.

*Wann sind Sie zum ersten Mal politisch im Bierzelt aufgetreten?*

In meinem ersten Wahlkampf, 2002. Das war bei mir in Oberfranken, im Landkreis Lichtenfels. Ein wunderbarer Landkreis, wo solche Bierzelte noch ein echtes Erlebnis sind. Da kommen einfach zwei, dreitausend Menschen zusammen.

*Wie lief dann Ihre Rede im Bierzelt ab?*

Ich habe mit einem frechen Spruch begonnen, der gut ankam. Die Leute im Bierzelt gewinnen Sie entweder in den ersten zwei Minuten oder nie. Entweder Sie wecken das Interesse, oder es knickt Ihnen weg. Das ist wie bei einer Kutsche, wenn die Pferde durchgehen. Das Entscheidende ist, auf keinen Fall Routine zu zeigen und um Himmelswillen frei zu reden. Man darf höchstens einen Bierdeckel mit hoch nehmen, auf dem ein paar Begriffe stehen.

*Wo hatten Sie das gelernt?*

Gar nicht.

*Sie mussten bei öffentlichen Veranstaltungen manchmal Ihren Vater als Redner vertreten. Lernt man es da nicht ein bisschen, die Stimmung der Leute aufzugreifen?*

Vielleicht. Mein Bruder und ich sind da sehr früh in die Pflicht genommen worden. Das reichte vom hundertjährigen Jubiläum des Sportvereins bis hin zu einer Beerdigung. Und da sollte man natürlich schon wissen, bei welcher Veranstaltung man was sagt.

Wie alt waren Sie damals?

Bei meiner ersten Rede war ich vielleicht elf oder zwölf, das war bei irgendeinem Vereinsjubiläum.

Haben die Leute geklatscht?

Ja, die fanden das ganz mutig, dass ich mich da hingestellt habe.

Hat Ihnen das einen Kick gegeben?

Ich fand das furchtbar aufregend. Aber es war jetzt nicht so, dass ich mich dann gleich um die nächste Veranstaltung gerissen hätte, das sicher nicht.

Später haben Sie dann auch die Abiturrede gehalten.

Ja. Die hat dazu geführt, dass mich ein Lehrer zur Seite nahm und mir mitteilte, man werde mir das Zeugnis nicht aushändigen. Ich weiß nicht mehr genau, was ich in der Rede gesagt habe. Aber es ging wohl um eine neue Direktorin an dieser Schule, die ich nicht im hellsten Licht habe erscheinen lassen. Festgemacht habe ich die Rede an dem Satz »ultra posse nemo obligatur«, »Unmögliches zu leisten, kann niemand verpflichtet werden«. Das Zeugnis habe ich dann doch erhalten.

Das allgemeine Vorurteil in Deutschland lautet: Dem politischen Personal mangelt es an Qualität.

Es kann schon sein, dass manche Debatte nicht geführt wird, weil es an Qualität fehlt. Aber es gibt in Deutschland ohne Frage auch ganz großartige Köpfe in der Politik, die manchmal still auf der oft beschriebenen Hinterbank sitzen und trotzdem eine effektive Arbeit verrichten. Man vergisst zum Beispiel oft, welche aufreibende Arbeit es ist, einen Wahlkreis anständig zu betreuen. Wenn einem das gut gelingt, ist das eine große Leistung. Das verlangt einem auch viel ab, weil man im Wahlkreis mit allen Themen konfrontiert werden kann, von Hartz-IV über die Gesundheitspolitik bis hin zu verkehrspolitischen Details. Das müssen Sie alles auf dem Schirm haben.

*Aber sehen Sie auch in den Führungspositionen hervorragendes Personal?*

Hervorragendes Personal ist nirgendwo breit gestreut.

*Wie kann es sein, dass Sie schon nach zwei Jahren als Minister mit dem Gedanken gespielt haben, das Ganze nicht mehr so lange mitzumachen?*

Ich lebte immer in der Furcht davor, dass das Geschäft einem irgendwann die geistige Freiheit nimmt und man das nicht einmal mehr merkt. Der Rhythmus ist wirklich ziemlich unerbittlich. Was auch immer man über das politische Spitzenpersonal sagen mag: Es erfordert eine erhebliche körperliche und geistige Leistungskraft, an der Spitze einer Regierung zu stehen oder ein Ministeramt innezuhaben. Man muss mit einer sehr starken körperlichen Konstitution ausgestattet sein. Ich hatte die Sorge, dass ich irgendwann an meine Leistungsgrenze stoße und gar nicht mehr merke, wie sehr das Geschäft mich beherrscht.

*Sie haben von Anfang an ans Aufhören gedacht?*

Ich habe meiner Frau mal versprochen, nach zehn Jahren aufzuhören. Und ich habe der Bundeskanzlerin Ende letzten Jahres angekündigt, dass ich wahrscheinlich vor Ende der Legislaturperiode aufhören werde. Das habe ich jetzt unfreiwillig eingelöst ...

Wie hat Frau Merkel auf Ihre Ankündigung reagiert?

Sie hat es zur Kenntnis genommen.

Und Sie haben das ernst gemeint?

Ja, das habe ich ernst gemeint. Das war keine Koketterie.

Zu einem Zeitpunkt, als Sie nicht in Bedrängnis waren?

Ja. Dass ich mich dann selbst in Bedrängnis gebracht habe, ist ein Teil der Ironie dieses Jahres.

Trotzdem bezeichnen Sie sich als einen politischen Menschen, und Sie scheinen auch nicht das Interesse an Politik verloren zu haben.

Das stimmt, aber man kann ja auch ein politischer Mensch sein, ohne ein Amt auszuüben. Es gibt sehr viele unterschiedliche Möglichkeiten, politisch wirksam zu sein. Wie viele Menschen hat mein Vater schon geärgert, wenn er sich am Dirigierpult umgedreht und plötzlich eine Rede gehalten hat, die im Programm gar nicht vorgesehen war! Es ging dann meistens nicht um das Stück, sondern um die Umweltzerstörung oder Ähnliches. Das führte schon mal dazu, dass Honoratioren in der ersten Reihe aufstanden und den Konzertsaal verließen.

Fanden Sie das als Sohn peinlich?

Ab einem gewissen Alter war es nicht mehr nur komisch.

Können Sie die von Ihrem Vater immer wieder dirigierte Matthäus-Passion eigentlich noch hören?

Die Matthäus-Passion kann ich fast komplett mitsingen. Aus der Tatsache, dass sie etwa dreieinhalb Stunden dauert, kann man schließen, dass ich sie in der Tat nicht selten gehört habe. Aber ich finde Bach so faszinierend, und entdecke immer wieder aufs Neue kleine und große Wunder. Ohne ihn hätten die Beatles lediglich ihre Frisur, so toll die auch waren. Wie Bach mathematische Kraft mit Emotionen verbinden konnte, etwa in der Kunst der Fuge, ist einfach großartig. Musik und Literatur sind Dinge, über die ich mich freue und für die ich jetzt wieder mehr Zeit habe. Aber vielleicht finde ich ja auch einen Weg, meine politische Leidenschaft auszuleben und trotzdem noch Zeit für andere Dinge zu haben.

Aus der Biographie, die Anna von Bayern über Sie geschrieben hat, habe ich erfahren, dass Sie, als Sie noch einfacher Abgeordneter waren, gemeinsam mit ihr und Ihrer Frau im »Berghain« waren, dem berühmten Berliner Techno-Club.

Ja, das ist richtig.

Vor der Tür sollen Sie gesagt haben, die Clubgäste seien »kein typisches CSU-Publikum«. Stimmt das?

Das ist wohl war.

Darf man sich solche Ausflüge als Minister noch erlauben?

Zumindest sollte man sich als Minister nicht unbedingt an Orten sehen lassen, die zu Fehleinschätzungen führen können. Man muss sich immer fragen, ob der Preis nicht zu hoch ist, weil immer jemand plaudert. Außerdem hat man in einem solchen Amt schlicht keine Zeit mehr zum Ausgehen und für Discobesuche. Schade eigentlich.

Im »Berghain« wird eigentlich nicht Ihre Musik gespielt, Sie stehen ja eher auf Hard Rock.

Ja, aber harter Techno kann auch Spaß machen.

Was mögen Sie lieber: Deep Purple oder AC/DC?

Erstaunlicherweise dann doch AC/DC, obwohl Deep Purple die etwas ausgefeiltere Musik komponiert hat. Aber AC/DC entspricht einfach manchmal einer gewissen Laune. Drei Akkorde sind nicht viel, aber sie sind immer wieder erfindungsreich aneinandergereiht. Bei den Texten darf man allerdings nicht die höchsten Maßstäbe anlegen. Ich bin aber auch ein großer Springsteen-Anhänger; ich finde, dass der wirklich zu den größeren Texteschreibern gehört.

Und Bon Jovi? Finden Sie den wirklich gut oder haben Sie, kurz nach Ihrem Rücktritt, nur Ihre Frau zum Konzert in München begleitet?

Ich habe ihn in Berlin kennengelernt und mag ihn als Typen; er ist ein politisch sehr interessierter Mensch.

Was ist denn das Faszinierende an Politik?

Die unglaubliche Vielfalt an Themen – wenn man das mag.

Na gut, die haben Journalisten auch.

Ja, aber der Umgang mit Menschen ist bei Politikern ein anderer. Die Leute kommen zu einem mit ihren Sorgen, Nöten, Hoffnungen, mit allem, was der menschliche Gefühlsspiegel zulässt. Dafür kann man sich mit Begeisterung einsetzen und das ist ungemein bereichernd. Den gern ins Spiel gebrachten Faktor Macht finde ich dagegen aber nicht vorrangig.

Warum nicht? Macht ist doch absolut notwendig, um Dinge verändern zu können!

Zweifellos. Politik funktioniert nicht ohne Macht, sie

ist ein notwendiger Faktor, das will ich gar nicht bestreiten. Aber Macht ist nicht der ausschlaggebende Punkt, wenn es darum geht, ob man in diesem Geschäft bleiben will oder nicht. Außerdem wird mit diesem Begriff eben sehr viel Negatives verbunden.

*Ich kenne keinen Politiker in Deutschland, der sich zur Faszination der Macht bekennt.*

Doch, dazu bekenne ich mich sofort. Macht ist faszinierend, in ihren dunklen Facetten ebenso wie in den segensreichen. Aber das ist nicht der Aspekt, der einem die Freude an der Politik beschert. Wenn Sie fragen, wie man Menschen für die Politik begeistern kann, dann würde ich die Faszination der Macht erstmal nicht nennen. Um Dinge verändern zu können, brauche ich Macht – aber dafür muss ich sie nicht schätzen.

*So wie Sie das schildern, ist Politik ein aufzehrender, ermüdender und oft furchtbar unerfreulicher Beruf. Wirkt Macht da nicht kompensierend?*

Nein, Sie freuen sich nicht über die Macht, Sie freuen sich über Zustimmung, die Sie gelegentlich erfahren. Wenn Sie jemandem den Bescheid seiner Sozialversicherung besorgen und seine Familie dadurch von großer Not befreit wird, bekommen Sie viel zurück. Mit diesem Feedback lassen sich viele negative Erfahrungen kompensieren. Das ist etwas anderes, als wenn Sie einsam am Abend Ihre ach so große Macht reflektieren.

*Manche Ihrer politischen Freunde und Wegbegleiter sagen, Sie hätten Ihre politische Karriere generalstabsmäßig geplant, angefangen mit Ihrer Wahl zum Bezirksvorsitzenden in Oberfranken.*

Das ist Quatsch, das geht gar nicht. Die erste Erkenntnis, die man in diesem Geschäft gewinnt, lautet: Politik ist nicht planbar. Ich bin damals, als ich für den oberfränkischen Bezirksvorsitz kandidiert habe, nicht davon ausgegangen, dass ich die Wahl gewinnen kann. Ich habe mir gesagt, ich habe nichts zu verlieren. Außerdem bin ich der Meinung, dass die Demokratie Alternativen bieten muss. Und da sich keine Alternative geboten hat, habe ich gesagt, dann mache ich das selber.

Macht es etwa keinen Spaß, so eine Wahl zu gewinnen?

Selbstverständlich macht einem das Freude, obwohl die Auseinandersetzungen zuweilen hart geführt werden. Aber man fragt sich auch sofort: Welche Konsequenzen hat das jetzt, welche Verantwortung muss ich tragen? Kann man der Verantwortung gerecht werden? Wird man nicht möglicherweise überschätzt? Das ist etwas, was einen ständig begleitet. Deswegen ist der Spaßfaktor schon außerordentlich begrenzt. Wenn ich gefragt wurde, ob mir mein Amt Spaß mache, habe ich deshalb immer gesagt: Von Spaß kann angesichts der Verantwortung nicht die Rede sein. Aber es gibt gewisse Elemente, die einem Freude machen.

Kann man das denn ohne Spaß durchhalten?

Ohne Humor geht es nicht, aber ohne Spaß geht es schon.

Sind Sie eigentlich wirklich so selbstbewusst oder pfeifen Sie oft einfach nur im Wald?

Das, was andere als Selbstbewusstsein wahrnehmen, kann manchmal auch nur Professionalität sein, das ist schon richtig. Es gibt Momente, in denen Sie den Ein-

druck hinterlassen müssen, Sie sind einer Aufgabe gewachsen, obwohl Sie wissen, dass Sie noch nicht jede
Verästelung einer Aufgabe verstanden haben.

Herr zu Guttenberg, Sie sehen anders aus als früher.
Ausgeschlafener.

Vielleicht, aber ich meine etwas anderes. Ich vermisse die ganze Zeit Ihre Brille, ich kenne Sie gar nicht ohne.
Böse Zungen werden sagen, jetzt ist er so eitel, dass er
sich auch noch seine Augen hat richten lassen.

Sie sehen aber auch wirklich überall Fallen.
Faktisch war es so, dass es einer reizenden indischen
Ärztin in den USA bedurfte, die festgestellt hat, dass ich
ohne Brille vollkommen ausreichend sehen kann.

Wie ist das möglich?
Ich habe überhaupt erst seit sieben oder acht Jahren
eine Brille getragen. Irgendwas in unserer Familien-
geschichte muss über die Jahrhunderte dazu geführt haben, dass ich auf dem linken Auge extrem kurzsichtig
bin und auf dem rechten Auge relativ weitsichtig ...

... ideale Voraussetzungen für einen Berufspolitiker!
Ja, aber ganz schlecht, wenn man beide Augen gleichzeitig braucht. Jedenfalls hat sich das viele Jahre lang
wunderbar ausgeglichen, ist aber während der politischen Laufbahn schlechter geworden. Nach meinem
Rücktritt hat es sich wieder gebessert, so dass mir die er-
wähnte Ärztin gesagt hat, ich brauche keine Brille. Deshalb trage ich nur noch beim Autofahren eine. Da ist es
schon besser, wenn man mit dem linken Auge etwas

mehr sieht als nur schwarze Klumpen, die einen über-
holen.

*Wie kommt es, dass sich Ihr Sehvermögen wieder verbessert
hat?*
Man hat mir gesagt, dass sich die Augen im Alter tatsächlich verbessern können. Das war mir bisher vollkommen fremd, ich dachte, es wird immer alles nur
schlechter. Von daher nehme ich das dankbar an. Und
es hat nichts mit Eitelkeit zu tun: Die meisten Menschen
meinen, dass mir die Brille besser steht. Das sagt meine
Frau auch.

*Mal abgesehen von der Brille: Ich finde, Sie sehen auch älter
aus. In Ihr Gesicht schleicht sich hin und wieder ein harter
Zug ein.*
Ja, die vergangenen Jahre haben durchaus zu mancher Verbitterung geführt. Vor allem die letzten beiden
Jahre haben Spuren hinterlassen. Das muss ich alles
erst mal ergründen und verarbeiten, das wird noch eine
Weile dauern. Auch auf die Gefahr hin, dass ich deswegen gleich wieder angegriffen werde: Ich bin durch das,
was sich in diesem Jahr abgespielt hat, auch schwer gezeichnet. Die Erinnerung daran fällt mir nicht leicht.

# Kapitel 3

# Politik und Parteien

## »Viele kennen noch nicht einmal das kleine Einmaleins« – Wirtschafts- und Finanzpolitik

*Sie arbeiten neuerdings am »Center for Strategic and International Studies«, einem Think-Tank in Washington. Passt das gut in Ihre aktuelle Lebenssituation?*

Ohne Frage. Mich interessiert die Forschungsarbeit des Think-Tanks, und ich freue mich auf die Möglichkeit, mich intensiv mit Themen zu befassen, für die ich in der Vergangenheit viel zu wenig Zeit gefunden habe. Und weil ich dort neben der Leitung eines eigenen Programms eine gute Plattform habe, um zu schreiben. Nicht um abzuschreiben, sondern um zu schreiben ...

*Womit befassen Sie sich im Moment?*

Ich beschäftige mich erstens intensiv mit den evidenten Machtverschiebungen auf der Welt; und damit, wie man derzeit auf beiden Seiten des Atlantiks daran scheitert, den neuen globalen Herausforderungen langfristig zu begegnen. Und mich fasziniert zweitens, und zwar aus meiner eigenen politischen Erfahrung heraus, die erschütternde Unkenntnis bis in die politischen Spitzen hinein, was die Mechanismen, Regeln und Abläufe internationaler Kapitalströme anbelangt. Diese Unkenntnis herrscht übrigens auch in der deutschen Medienlandschaft vor. Das finanzpolitische Feld ist hochkomplex und es gehen so unfassbar viele Erklärungstürchen gleichzeitig auf, wenn man sich nur einen Schritt weiter vorwagt und sich substanziell damit befasst.

*Gilt das für Deutschland ebenso wie für die Vereinigten Staaten?*

Ja, auch in den USA hat man leider immer wieder das Problem, dass der Bevölkerung in Krisenzeiten das Gefühl vermittelt wird, als wisse die Politik Bescheid. Und ich kann aus meinen Erfahrungen heraus nur sagen, sie wusste ebenfalls nicht hinreichend Bescheid.

*Sie würden also sagen: Es gibt Aufgaben und Krisen nie gekannten Ausmaßes, aber Politiker und Journalisten haben im Großen und Ganzen keine Ahnung?*

Ja, in beiden Berufen lässt der Zeitdruck es kaum noch zu, sich wirklich tiefgreifend mit Problemen zu befassen. Sehen Sie sich doch die Qualität einzelner Äußerungen und Kommentare an. Und auch bestimmte ökonomische Modelle, die sich in den letzten Jahrzehnten durchgesetzt haben, geraten an die Grenzen ihrer intellektuellen Belastbarkeit. Die neoklassische Ökonomielehre, die nicht nur die gesamte Ostküste der USA und die wesentlichen Zentralbanken beherrscht, steht vor den Trümmern ihrer eigenen Behauptungen. Wie geht man nicht nur mit Griechenland um? Wie reguliert man Finanzmärkte? Wie weit darf man dabei gehen? Solche Fragestellungen werden von einem sogenannten Neoklassiker oft mit einer scheinbar allgemeingültigen Theorie vom Tisch gewischt, aber man müsste diese Fragestellungen zwingend differenzierter behandeln. Die neoklassischen Theorien haben sich von der Wirklichkeit abgelöst. Es ist sehr spannend, die Auseinandersetzung darüber mitzuverfolgen, die jetzt wieder beginnt.

Unglaubliche Krisen, unglaubliche Probleme ...
... unglaubliches Geschwätz!

*Was genau verstehen Sie unter einem Neoklassiker?*
Nur kursorisch: Ein Neoklassiker glaubt fest daran,
dass das Verfolgen privater Eigeninteressen die Voraus-
setzung für eine bessere Gesellschaft ist und auf staatli-
che Eingriffe möglichst verzichtet werden sollte. Daran
ist zunächst wenig auszusetzen, ebenso wie an der Betonung der Wirkkräfte freier Märkte, solange das nicht
zum Dogma erklärt wird. Dies ist aber geschehen und
hält dem Praxistest nicht stand. Viele neoklassische Vor-
hersagen sind schlicht nicht eingetroffen. Haben wir
etwa mehr und stabileres Wirtschaftswachstum in den
Ländern, die sich nahezu sklavisch dieser Theorie unterworfen haben? Kann diese Theorie die ostasiatischen
Wirtschaftsentwicklungen in den letzten Jahrzehnten
hinreichend erklären? Viele Gedanken dieser Theorie
sind alles andere als falsch, sie dürfen allerdings nicht
an der idealsten aller Welten ausgerichtet werden; hierin
liegt ein grundlegender Denkfehler zahlreicher Neoklassiker. Es ist heute ein weit vielschichtigeres, eben diffe-
renziertes Herangehen geboten, die Akzeptanz von Realitäten, die dem Wunschdenken widersprechen.

*Und wie können sich Politiker Wissen aneignen, und vor allem:*
*Wie können sie daraus die richtigen Handlungen ableiten?*
Wissen kann man sich im Zweifel dann aneignen,
wenn man die Kunst der einfachen Frage nicht verlernt
hat. Es gilt die Zusammenhänge zu erfragen. Wir brauchen allerdings auch aktuelle und belastbare empirische
Arbeiten. Was sind zum Beispiel die Spielregeln im internationalen Kapital- und Währungsverkehr? Wer ent-

wirft diese Regeln? Was sind die tatsächlich bestimmenden Faktoren auf den Finanzmärkten? Da werden viele mit den Schultern zucken. Aber wir brauchen unbedingt eine Neubetrachtung, denn das Wechselspiel zwischen Politikern, den Spitzen der Finanzwirtschaft und denjenigen, die letztlich davon betroffen sind, ist nicht überall von Verantwortungsgefühl geprägt. Ich wage zu sagen, dass sehr viele noch nicht mal das kleine Einmaleins dieser ökonomischen Mechanismen kennen.

In der Bevölkerung und in der Politik?
Ich glaube, dass dies für einen Großteil der Bevölkerung gilt. Es gibt einige Ausnahmen, die sich in dem Geschäft ganz gut auskennen. Aber ich habe in Deutschland im politischen Bereich noch keine überragende Figur kennengelernt, von der ich sagen würde, da ist wirklich die Breite des Wissens vorhanden.

Helmut Schmidt und Peer Steinbrück haben gerade gemeinsam ein Buch verfasst, in dem ziemlich viel ökonomisches Wissen erkennbar wird.
Steinbrück habe ich selbst erlebt in der Krise, ziemlich hautnah. Und ich habe selten jemanden gesehen, der gleich mehrere 170 Grad-Wendungen mit einer solchen Überzeugungskraft vermitteln kann. Das Problem ist, dass man bei 170-Grad-Wendungen meistens nicht einmal am Ausgangspunkt landet.

Das allerdings könnte man auch über Sie sagen.
In der Wirtschaftspolitik habe ich meine Linie gehalten, bekanntlich nicht zur Freude aller. Wenn es um die reine Finanzpolitik geht, wäre dieser Vorwurf natürlich berechtigt. Jetzt befasse ich mich intensiver damit. Aber

es wird noch eine ganze Zeit dauern, bis ich mir anma-
ßen würde zu sagen, jetzt weiß ich einiges.

Aber wie kann man Wirtschafts- oder Finanzminister, Verteidi-
gungs- oder Außenminister werden, wenn man keine Ahnung
hat?

In meinem Fall war es so, dass ich eine ganz gute
Grundlage für das Verteidigungsministerium hatte, weil
ich viele Jahre lang Mitglied des Auswärtigen Ausschus-
ses und des Verteidigungsausschusses war.

Außerdem waren Sie bei den Gebirgsjägern und haben sich
zum Unteroffizier ausbilden lassen ...

Das schafft zumindest dicke Waden und eine gewisse
emotionale Bindung. Und hat mir geholfen, die Stimmungslage und die Leistung unserer Soldatinnen und
Soldaten besser einschätzen zu können.

Und was qualifizierte Sie als Wirtschaftsminister?

Das war ein Sprung in sehr kaltes Wasser, das steht
völlig außer Frage. Aber ich fühlte mich aufgrund meiner Vorkenntnisse der Aufgabe gewachsen. Und ich
war es ja auch. Drei Dinge können in diesem Geschäft
grundsätzlich nie schaden: gesunder Menschenverstand,
eine Grunderfahrung in Menschenführung sowie Men-
schenkenntnis.

Wie lange dauert es, bis man sich in einem Schlüsselressort so
gut auskennt, dass man das Amt vernünftig führen kann und
nicht nur bluffen muss?

Das hängt auch von der Einstellung zu den eigenen
Defiziten ab. Ich habe nie ein Problem damit gehabt,
im Wirtschaftsministerium bei gewissen Fragen zu sa-

gen: Da habe ich keine Ahnung, klären Sie mich auf! Und dann muss man in der Lage sein, sich in Dinge einzuarbeiten. Das habe ich getan, ich wusste, was ich tat. Es gibt allerdings Ministerien, in denen haben Sie Zeit, sich etwas länger einzuarbeiten, weil die Entscheidungsprozesse langfristiger sind.

**Und weil man nicht so stark unter Beobachtung steht.**
Das vielleicht auch. Ein Wissenschaftsministerium ist eine andere Schuhgröße, etwa was die Notwendigkeit anbelangt, sehr schnell Entscheidungen zu treffen. Im Finanzministerium müssen Sie manchmal im Stundentakt entscheiden; da kann man nur hoffen, dass jemand mit einer gewissen Grundkenntnis an den Hebeln sitzt. Oder zumindest einer, der sich gut von seiner Umgebung beraten lässt. Vor allem muss man immer die Fähigkeit haben, Wissenslücken einzuräumen. Das fällt vielen schwer, auch Mitarbeitern gegenüber. Und dann wird's natürlich zum Vabanquespiel.

**Hatten Sie denn im Wirtschaftsministerium Zeit genug, um sich einzuarbeiten, oder sind Sie da als Laie gekommen und als Laie wieder gegangen?**
In viele Themenkomplexe habe ich mich sehr intensiv einarbeiten können. Ein Beispiel: Mit der generellen Frage eines neuen Insolvenzrechts für Banken habe ich mich in der Tiefe befasst, da haben wir auch einen Gesetzentwurf vorgelegt. Das kann man nicht, wenn man sich mit der Sache nicht wirklich detailliert beschäftigt hat. Im Übrigen auch unter Heranziehung externen Wissens.

In der berühmten Verhandlungsnacht Ende Mai 2009 im Kanzleramt, als es um die Rettung von Opel ging, hatten Sie da schon genug Fachwissen, um mitreden zu können?

Ich hatte auf jeden Fall genug Kenntnis über die Dinge, die offensichtlich nicht funktionierten.

Im Nachhinein wurde unter anderem kolportiert, dass die Kanzlerin angesichts Ihrer Fragen einmal dazwischengerufen habe, dass ein Wirtschaftsminister das eigentlich wissen müsste.

Ach was. Das wäre schon eine tolle Kanzlerin, die ihren Ministern verbietet, Fachfragen zu stellen. Vielmehr waren es unangenehme Fragen an einen Bieter, der mich nicht überzeugt hatte, aber der offensichtlich jene überzeugt hat, die diesen Satz dann kolportiert haben. Ich kann nur sagen, dass die Entwicklung bei Opel mich im Nachhinein nicht ins Unrecht gesetzt hat. Am Ende war der Bieter, den ich abgelehnt hatte, nicht mehr im Rennen und es bedurfte keiner deutschen Milliardenbeträge, um eine Perspektive für Opel zu sehen. Vor diesem Hintergrund glaube ich, dass ich diese Fragen jedes Mal wieder so stellen und sie vielleicht genauso unbedarft stellen würde – weil das manchmal mehr die Augen öffnet als eine zu glatte politische Betrachtung.

Wehner und Lohse schreiben, dass sich der damalige Arbeitsminister Olaf Scholz irgendwann mal hingesetzt und Ihnen auf drei Seiten aufgeschrieben habe, worauf es bei dieser Verhandlung ankam.

Eine großartige Legende! Aber ich erinnere mich nicht daran, jemals die Liebenswürdigkeit eines Zettels von Olaf Scholz erfahren zu haben.

*Würden Sie heute auch noch mal mit Rücktritt drohen, wie Sie das in jener Opel-Nacht getan haben?*

Ich würde das wieder genau so machen. Ich glaube, dass man nicht geschwächt, sondern auch gestärkt aus einer solchen Situation hervorgehen und in ähnlichen Situationen dann ebenfalls konsequent bleiben kann. Mir hat das damals auf jeden Fall die Möglichkeit eröffnet, bei vielen Fragen, in denen es um Unmengen Steuergelder ging, wieder Nein zu sagen. Und wir lagen da in nahezu allen Fällen richtig. Als es um Quelle und Arcandor ging, gab es noch mal einen Riesenstreit, insbesondere mit Horst Seehofer, und auch da lag ich richtig. Das klingt jetzt so selbstgefällig, aber am Ende des Tages habe ich Recht behalten.

*Was war denn die wichtigste Leistung in Ihrer Zeit als Wirtschaftsminister? Wofür wollen Sie in Erinnerung gehalten werden?*

Dafür, dass ich damals nicht in Krisenpanik verfallen bin und mich dafür eingesetzt habe, Firmen, die selbstverschuldet in die Krise geraten sind, nicht mit uferlosen Milliardenzahlungen und Steuergeldern aufzupäppeln.

*Vor einigen Jahren hielt die neoliberale Idee Einzug in die Regierungspolitik. Wie kommt es, dass sie eine so durchschlagende Wirkung hatte und nun so jämmerlich zusammengebrochen ist?*

Das liegt auch daran, dass diese Idee nie wirklich einheitlich definiert wurde. Vor allem hat man die Grenzen dessen, was neoliberal ist, nie richtig abgesteckt.

*Haben Sie mal eine Zeitlang mit dieser Idee sympathisiert?*

Wie denn, wenn sie keine klare oder lediglich wirre Definitionen hatte?

Ihr isoliertes Nein zur Staatshilfe für Opel, war das nicht ein Restposten neoliberalen Gedankenguts?

So etwas wurde geschrieben. Aber dieses Nein beruhte auf Fakten, nicht auf einem semi-ideologischen Reflex.

Muss der Staat heute stärkere Leitplanken setzen als noch vor zehn, zwanzig Jahren?

Der Staat wird nie auf Leitplanken verzichten können, aber diese müssen immer flexibel bleiben. Daran krankt es gelegentlich. Wenn man Leitplanken setzt, hat man oft die Hoffnung, dass sie jahrzehntelang wirken. Das ist natürlich nicht der Fall, weil sich die globalen Kräfte zu schnell verschieben und man nachjustieren muss.

Können Sie ein Beispiel geben?

Nehmen Sie das Internet: Da bin ich grundsätzlich der Meinung, dass man den Freiheitsgedanken vertreten muss. Trotzdem braucht man Leitplanken, um extreme Entwicklungen einzudämmen. Man muss zum Beispiel gegen Kinderpornographie vorgehen, das wird auch kaum jemand bestreiten. Dann kann es aber passieren, dass es neue technische Möglichkeiten gibt, um diese Leitplanke zu umgehen, und Sie müssen über neue Lösungen nachdenken. Regieren heißt heute, seinen Kurs ständig erneuern zu müssen.

Wäre ein Minister Guttenberg heute für eine weitere Alimentierung von Griechenland, für einen Schuldenschnitt oder die Inkaufnahme eines veritablen Staatsbankrotts?

In dieser Verkürzung für keine dieser drei Lösungen. Und ich glaube, dass einfach nicht alle Alternativen durchdacht worden sind.

Welche Alternative gibt es denn noch?

Es gibt mehrere denkbare Ansätze. Ein Beispiel: Man muss sich zunächst einmal fragen, wer eigentlich das Geld in einem Staat schöpft. Die Antwort, die man dann bekommt, ist meistens: die Zentralbank. Aber die Geldschöpfung findet gerade mal zu drei Prozent über Zentralbanken statt, der Rest des Geldes wird über Banken geschaffen, und zwar über die sogenannte Kreditschöpfung. Das hört niemand gerne, weil das gewisse Automatismen und Gewohnheiten aushebelt, die man pflegt. Es gibt zwei Wissenschaftler, die das einmal genauer betrachtet haben, Helmut Siekmann, Finanzverfassungsrechtler an der Universität Frankfurt am Main, und der in Großbritannien lehrende deutsche Ökonom Richard Werner.

Ich kenne die Professoren und deren Gedankengut nicht. Wie schafft man es jetzt, dass sich ein Land wie Griechenland auf vernünftige Weise refinanziert?

Nach Siekmann und Werner sollten die Verschuldungsprobleme von denen bereinigt werden, die sie maßgeblich zu verantworten haben: den Kreditgebern, sprich den Banken. Die Staaten an der Peripherie der EU könnten Kredite von den Banken in ihrem Lande aufnehmen. Die Zinsen für diese Kredite müssten vertraglich fixiert werden. Diese könnten bei den Refinanzierungskosten der Banken zuzüglich Gewinnmarge liegen, zum Beispiel bei drei Prozent. Das wäre weit billiger für das betroffene Land als die Aufnahme weiteren Geldes an den Kapitalmärkten und würde außerdem eine weitere Bindung der Verschuldung an das entsprechende Land bedeuten.

Würden das die Banken der betroffenen Länder überhaupt finanzieren können?

Die überraschende Antwort von Siekmann und Werner ist: Ja. Bei der Vergabe eines Bankkredits werden keine Gelder aus anderen Teilen der Wirtschaft transferiert, oder nur bestehende Geldeinlagen ausgeliehen; tatsächlich wird nämlich bei der Auszahlung des Kredits neu geschaffenes Geld in das Kreditnehmerkonto gebucht. Und die Banken dürfen das bei der Auszahlung des Kredits neu geschaffene Geld, das auf das Konto des Kreditnehmers gebucht wird, nach geltender Rechtslage wiederum in Umlauf bringen. Meist ist es nur der Privatsektor, der sich durch Kreditaufnahme bei den Banken mit Geld versorgt. Hoheitsträger können dies aber auch.

Die Banken könnten dann im Prinzip keine Risikobewertung mehr vornehmen! Was sind die Vorteile dieses Vorschlags?

Wegen des viel niedrigeren Zinses würden die Refinanzierungskosten der Länder deutlich gesenkt, und die langfristige Fiskalposition dadurch verbessert. Auch wären die Refinanzierungskosten vorhersehbar, und Regierungen könnten nicht mehr von den Märkten erpresst werden. Dann gäbe es für die Rating-Agenturen keinen Grund mehr, die Bonitätsbewertung wegen steigender Ausgaberenditen herabzusetzen. Weiterhin würde dieser Vorschlag nicht nur den betroffenen Staaten helfen, sondern auch den Banken, deren Kerngeschäft ja die Kreditvergabe ist. Schließlich würde der Grad der Verschuldung weiterhin in der Verantwortung jedes einzelnen Landes bleiben. Die Eurobond-Debatte wäre wahrscheinlich schnell beendet. Und zuletzt würde durch die Verlagerung der Staatsfinanzierung von den Anleihenmärkten zu den Banken die Gesamtnachfrage aufgrund der Kreditschöpfung angekurbelt, was die Arbeitslosigkeit reduzieren und die Steuereinnahmen erhöhen könnte. Für die beiden genannten Wissenschaftler ist das der Ausweg aus der drohenden Schulden-Deflationsspriale.

Sie würden ernsthaft eine weitere Verschuldung empfehlen – in einer Zeit, in der es eigentlich um Schuldenabbau geht?

Ich mache mir diesen Ansatz nicht zu eigen. Aber ich gebe dieses sicher ungewöhnliche Beispiel, um zu zeigen, dass es neben den von Ihnen genannten Alternativen weitere Ansätze gibt, die entweder noch nicht hinreichend geprüft oder mit sehr dürftigen Argumenten verworfen worden sind; ein Papier von Professor Werner an Finanzminister Wolfgang Schäuble ist von einem Referatsleiter mit einem Schreiben, das meines Erachtens am Thema vorbeiging, abgelehnt worden. Zudem sollen manche Ideen offenbar nicht bedacht werden. Die Einflussnahme der Großbanken auf politische Willensbildungsprozesse ist vorhanden. Umgekehrt verhält es sich mit mancher Zentralbank. Das ist noch die mildeste Formulierung.

Das haben Sie im Amt auch so erlebt?

Ja, es gab sehr geschickte Lobbyarbeit. Dabei werden zuweilen Grundüberzeugungen vertreten, die man nicht verurteilen muss, denen man aber eine andere Überzeugung sehr wohl entgegenhalten kann. Und zumindest die Überlegungen zur Geld- und Kreditschöpfung, die ich eben ausgeführt habe, werden seit Jahren mit einigem Engagement hintertrieben.

Müssen in Zukunft weitere Rettungsschirme für verschuldete Staaten und gefährdete Banken aufgespannt werden?

Ich fürchte, ja, das wird sich fortsetzen.

*Meinen Sie, dass die FDP das mittragen könnte?*

Ich will es mal so sagen: Die Belastungsfähigkeit schmaler Schultern ist gelegentlich überraschend.

*Verstehe ich Sie richtig: Sie sagen, dass es Finanz- und Wirtschaftskräfte gibt, die stärker sind als jede Regierung?*

Dieser Eindruck ist nicht ganz falsch. Manche machen sich die Komplexität ihres Systems zunutze, um ihre Schlussfolgerungen einer inhaltlich nicht ganz so sattelfesten Politik zu oktroyieren. Dem kann man als politischer Entscheidungsträger nur begegnen, wenn man sich selbst mit den entsprechenden Themenfeldern so intensiv auseinandersetzt, dass man inhaltlich firm genug ist, unabhängige Entscheidungen zu treffen.

*Es wäre also sehr wohl möglich, die Auswüchse an den Finanzmärkten zu begrenzen?*

Ja, mit Geduld und Durchsetzungskraft – wenn das entsprechende Maß an Sachkenntnis gewachsen ist.

*Aber das ginge nur international. Glauben Sie im Ernst, dass zum Beispiel eine britische Regierung den Finanzplatz London jemals gefährden würde?*

Die Frage ist, ob man den Finanzplatz durch Regulierung gefährdet oder ob man ihn gefährdet, wenn man den Protagonisten völlig freie Hand lässt. Erstaunlicherweise ist man ja in Europa doch immer wieder bereit, sich gemeinsam an einen Tisch zu setzen. Es gab sogar Aufrufe zur europäischen Einigung aus Amerika und Großbritannien, seitdem es nun um Griechenland und mehr geht. Plötzlich ist man in gewissen Teilbereichen einigungsfähig.

Die Krise führt zum Zusammenrücken der Staaten?

Das klingt jetzt wahrscheinlich ein bisschen träumerisch, aber wenn man in solchen Situationen so etwas wie eine koordinierende Führungskraft entwickeln würde, dann könnte man auf Dauer auch multinationale Lösungen für die von so vielen Eigensinnigkeiten getragenen Finanz- und Kapitalmärkte hinbekommen. Ich habe die Hoffnung nicht aufgegeben, dass sich diese Führungskraft in der Mitte Europas zeigt.

An wen denken Sie? An Deutschland und Frankreich, an die Achse Merkel-Sarkozy?

Ich bin ein großer Gegner von Achsen. Sie sind exklusiv und schließen andere leichtfertig aus. Ich würde immer auf Länder, oder Gruppen von Ländern, setzen, die eine internationale Glaubwürdigkeit aus eigener Stärke heraus vermitteln können. In Polen gibt es zum Beispiel eine ganz bemerkenswerte ökonomische Entwicklung. Und man müsste stärker auf jene Länder schauen, die auf den internationalen Märkten zunehmend eine Rolle haben, die sich aber zu wenig in den Diskurs einmischen oder erst langsam beginnen, sich als politischen Faktor wahrzunehmen. Natürlich muss man hier China und Indien nennen, aber auch Brasilien. Eine kluge Koordinierung mit diesen »Rising Powers« wäre auch ein Ausweis internationaler Führungsstärke.

Aber welche Persönlichkeit könnte jetzt diese Aufgaben übernehmen? Angela Merkel?

Regierungschefs wie Angela Merkel oder Nicolas Sarkozy wissen: Namen können in eineinhalb Jahren schon Geschichte sein. Mir geht es hier mehr um ein Grundprinzip. Führungskraft ist nicht allein an bestimmte Personen, sondern auch an die reale, glaubwürdige Stärke eines Landes gebunden. Und damit tun sich gerade in Deutschland einige schwer.

Aber es bestreitet doch niemand, dass Deutschland das stärkste Land in der Europäischen Union ist. Und Frau Merkel hat doch gerade die ganze Welt beeindruckt mit ihrem Vorstoß zum Schuldenschnitt für Griechenland und anderen Schritten zur Rettung des Euroraums.

Ja. Aber Deutschland muss die daraus resultierende Verantwortung auch weiterhin wahrnehmen. Wir haben, glaube ich, das Unbehagen gegenüber dem Begriff »Führung«, den man ja lange nur mit Samthandschuhen anfassen durfte, mittlerweile überwunden. International wird Führung von Deutschland erwartet. Wir müssen das geschickt und klug machen und dürfen weder unsere kleineren Nachbarn vergessen noch diejenigen, die in einem weiteren Kontext mit ein- und anzubinden sind. Das wäre etwas, was mit dem englischen Begriff »Leadership« noch besser umschrieben ist als mit unserem historisch sehr belasteten Begriff »Führung«.

## »Die Union sitzt noch in der Mitte ... Sie sitzt eben und steht nicht« – Alte Parteien, neue Parteien?

Die Menschen sind besorgt und ratlos wegen der Finanz- und Schuldenkrisen, wir erleben Proteste gegen Banken und eine Unzufriedenheit mit der Politik. Befürchten Sie, dass in dieser Situation in Deutschland eine populistische Bewegung aufkommen könnte?

Die Gefahr schätze ich als nicht so groß ein. Zum einen fehlt es gottlob an begabten Demagogen, die sich außerhalb der wesentlichen Parteien bewegen; zum anderen glaube ich, dass jede neue Partei in Deutschland momentan in der Mitte erfolgreicher wäre als am Rand. Es herrscht eine große Sehnsucht nach der Mitte.

Aber fast alle Parteien beanspruchen die Mitte doch für sich: Sie meinen trotzdem, ausgerechnet die Mitte sei verwaist?

Zumindest in den Augen eines erheblichen Teils der Bevölkerung ist sie nicht nur ein bisschen verwaist, sie wird nur noch mit Phrasen und mit den immer gleichen Scharmützeln bespielt. Wenn man sich die Wahlbeteiligung anschaut, dann haben wir schon heute einen dramatischen Zustand, den wir uns im Vier-Jahres-Rhythmus schönzureden versuchen.

Aber wo würden Sie CDU und CSU verorten, wenn nicht in der Mitte?

Die Union sitzt noch in der Mitte, aber sie ist dort lange nicht mehr so erkennbar, wie sie es sein könnte. Sie sitzt eben und steht nicht.

Daran haben Sie zum Teil mitgewirkt. Es gab die Aussetzung der Wehrpflicht, die Abschaffung der Hauptschule und natürlich den Ausstieg aus der Atomenergie; aktuell gibt es die Vorstöße zur Frauenquote und zum Mindestlohn. Für einen gestandenen Konservativen ist das alles kaum zu fassen.

Ich glaube, dass man einige – nicht alle – dieser Schritte gut begründen könnte. Wenn man sie denn begründen wollte. Kommunikation ist eine fortwährende Aufgabe, die nicht auf den Zeitpunkt der Entscheidung beschränkt werden kann.

Was sind Ihrer Meinung nach die Gründe dafür, dass die in Bayern einst als unbesiegbar geltende CSU bei Landtagswahlen nur noch etwas mehr als 40 Prozent der Stimmen einfährt?

Sie ist, wie andere Parteien auch, von einer Infektion befallen, die das allmähliche Sterben der Volksparteien auslösen könnte oder bereits ausgelöst hat. Und die Behauptung, man sei die letzte verbliebene Volkspartei, wird ihr bestimmt nicht mehr Wähler zuführen, sondern im Zweifel als Hybris ausgelegt werden. Sich so zu bezeichnen, wenn man etwa 40 Prozent der Stimmen bei einer Wahlbeteiligung von unter 60 Prozent bekommt, wirkt nur noch wie die Verhöhnung früherer Träume.

So gesehen gäbe es heute in Deutschland überhaupt keine Volkspartei mehr.

Zumindest nach alten Maßstäben gibt es heute keine Volksparteien mehr in Deutschland. Die Frage, ob es gelingt, wieder mehr Menschen zu mobilisieren, hängt davon ab, ob die Parteien in der Lage sind, Entwürfe für die Probleme von heute und morgen vorzulegen: Demographie, Neue Medien, Europa, Klimaschutz, diesen Fragen muss man sich zuwenden. Es reicht auch für die CSU nicht aus, in romantischer Rückschau die gute alte Zeit zu beschwören. Da haben sich doch schon viele Spinnweben gebildet. Ich höre immer wieder von jungen Leuten, dass es ihnen an einem Kompass fehlt.

Laptop und Lederhose – zieht das nicht mehr?

Ich glaube, dass »Laptop und Lederhose« sogar eine Begrifflichkeit ist, die vergleichsweise zukunftsweisend war. Aber wenn eine Partei ein Bild zeichnet, das zwar schon gewisse expressionistische Züge angenommen hat, aber immer noch den Goldrahmen des 17. Jahrhunderts trägt, dann wird die Vermittlung der eigenen Inhalte nicht leichter.

Sie sprechen von einer Infektion, die alle Parteien erfasst habe. Gibt es also Ihrer Meinung nach keine spezifische CSU-Problematik?

Eher nicht. Den Menschen mangelt es in der Politik generell an Köpfen, die für gewisse Inhalte stehen. Die bereit sind, für Inhalte zu streiten und nicht die Segel zu streichen, wenn der Wind mal sehr eisig bläst. Es gibt herausragende Köpfe in jeder der Parteien in Deutschland, rechtsaußen mal ausgenommen. Aber sie sind in allen Parteien rar gesät. Parteien bieten heute nur noch wenig Anreize, die übliche Parteikarriere wirkt auf viele Menschen sehr abschreckend. Und die Bindungen an Parteien haben abgenommen. Parteien müssen verstehen, dass sie bei der überwältigenden Mehrheit der Bevölkerung heute keine dauerhafte Bindekraft mehr haben. Das zu verstehen, haben sie bislang versäumt, CSU inklusive.

Bei den französischen Sozialisten durften dieses Jahr erstmals nicht nur Parteimitglieder, sondern alle Wahlberechtigten über die Präsidentschaftskandidaten abstimmen. Halten Sie das für eine gute Idee?

Das ist nicht mehr als ein interessantes Modell. Ebenso interessant ist, wie wenige sich daran beteiligt haben.

Knapp 2,5 Millionen Bürger, immerhin.

Ja, aber man hatte sich schon mehr erhofft. Und es gibt bei solchen offenen Vorwahlen immer die Gefahr der taktischen Manipulation: Anhänger von Sarkozy hätten zum Beispiel für einen schwachen Kandidaten der

Sozialisten stimmen können. Ein Weiteres: Nicht nur in den USA kann man sehen, dass sich die Wahlkämpfe negativ auf die Qualität der politischen Auseinandersetzung auswirken: Es überwiegen die Showeffekte, die Discussion-Panels mit den Kandidaten sind an Platitüden kaum zu übertreffen.

Droht der CSU der Abstieg zur Regionalpartei?

Diese Gefahr ist immer dann gegeben, wenn die CSU glaubt, bayerische Interessen brachial und dauerhaft über gegebene bundespolitische und europäische Ansprüche sowie auch globale Einflüsse stellen zu müssen. Das darf schon mal sein, aber es darf nicht zum Grundmuster werden.

Könnten Sie sich vorstellen, irgendwann eine andere politische Partei zu wählen oder sogar für sie anzutreten?

Ich bin zur Zeit Mitglied einer Partei, die einen langen Weg zu gehen hat, um von der Abwärtsbewegung der sogenannten Volksparteien nicht ergriffen zu werden.

Die Betonung liegt auf »zur Zeit«?

Dabei möchte ich es bewenden lassen. Nicht jede Betonung muss bereits eine Drohung sein.

Bekommen Sie mit, dass es zur Zeit bei relativ angesehenen Konservativen durchaus Überlegungen gibt, eine neue Partei zu gründen?

Natürlich.

Würden Sie einer solchen Gruppierung Chancen zubilligen?

Grundsätzlich ja, aber das wäre natürlich von den Köpfen abhängig.

Hätten Sie keine Angst, dass so eine neue Partei vor allem Querulanten anziehen könnte?

Das ist ein altes Argument, ja. Man könnte dem aber vielleicht begegnen: Zum einen müsste man eine Programmatik so deutlich entwerfen, dass gewisse Randgruppen, aber auch notorische Querulanten überhaupt nicht auf die Idee kommen, mit der neuen Gruppierung zu kokettieren. Ein klares Bekenntnis zu Israel beispielsweise würde den rechten Rand wohl abschrecken. Zum anderen bräuchten Sie Köpfe, die für ein bestimmtes Denken stehen und über jeden Zweifel erhaben sind, mit tumbem Extremismus in Verbindung zu stehen.

Halten Sie es für unwahrscheinlich, dass eine solche Partei noch vor den nächsten Wahlen gegründet wird?

Das halte ich angesichts des Organisationsaufwandes für unwahrscheinlich. Ich glaube aber wie gesagt, dass eine solche Gruppierung am ehesten in der Mitte Erfolg haben könnte, nicht an den Rändern des politischen Spektrums.

Sind Sie von Leuten kontaktiert worden, die vorhaben, eine neue Partei zu gründen?

Es finden manchmal die lustigsten und skurrilsten Kontakte statt.

Wie erklären Sie sich denn die mangelhafte Kommunikation zwischen Politikern und Bevölkerung?

Die Entscheidungsmechanismen und -strukturen innerhalb der Parteien, aber auch innerhalb der Gremien, sind relativ festgefahren. Und der Kontakt zur Bevölkerung, der öffentliche Diskurs, steht ganz am Ende der Stufenleiter. Dazu gehört auch das Eingeständnis von

Unkenntnis. An diesen Dingen mangelt es ganz außerordentlich.

Nun kann ein Politiker sich aber schlecht hinstellen und sagen:
Meine Damen und Herren, ich habe keine Ahnung!

Aber es gibt gewisse Punkte, wo man als Politiker keine Ahnung hat oder wo man noch gar keine Ahnung haben kann, weil es für die konkrete Situation oder das
Problem noch kein Beispiel gibt. Dann ist es für mich
kein Eingeständnis von Schwäche, der Bevölkerung zu
sagen: Wir wissen noch nicht, wie man damit umgeht –
anstatt das Gefühl zu vermitteln, man wisse genau, was
man tut, um dann einige Zeit später elegant in die ent-
gegengesetzte Richtung zu steuern. Das ist etwas, was
das Misstrauen nährt. Man muss deutlich machen, dass
Politik immer ein unabgeschlossener Prozess ist.

War die Energiewende nach der Katastrophe von Fukushima
nur schlecht kommuniziert? Oder würden Sie sagen, dass der
Ausstieg aus der Atomkraft eine schlechte Entscheidung war?

Ich halte diese Entscheidung für nachvollziehbar. Nur
der Weg, der zu dieser Entscheidung geführt hat, war
für mich aus der Ferne schwer nachzuvollziehen. Die
Schnelligkeit mag man begründen können, aber man
muss sie dann eben auch begründen.

Hat die Regierung auch deshalb so schnell entschieden, weil
Landtagswahlen vor der Tür standen?

Viel zu viele politische Entscheidungen haben etwas
mit Wahltagen zu tun. Das ist leider eine schwelende
Krankheit.

Hätte Ihre Partei auch mit einem Nein zum Atomausstieg bei den Wählern punkten können?

Hat sie denn mit diesem »Ja« gepunktet?

Man hätte aus wahltaktischer Perspektive also auch beim alten Kurs bleiben können?

Der Ausdruck »alter Kurs« führt in die Irre. Politik ist dazu aufgerufen, eine ständige Kursüberprüfung vorzunehmen. Und weil die Wählerschaft immer volatiler wird, die Bindungen an die Parteien lockerer werden oder sich ganz auflösen, ist die Herausforderung, der Politiker sich zu stellen haben, umso größer. Es ist also keine Schwäche von Politik, wenn sie ihren Kurs permanent justiert. Sobald sich die Winde drehen, müssen Sie auch die Segel anders setzen, um dann immer noch geradeaus zu segeln. Aber die Vermittlung der Koordinaten muss gelingen, und jeder Kurswechsel muss nachvollziehbar erklärt werden.

Was heißt das mit Blick auf den Atomausstieg?

Man hätte auch die andere Entscheidung treffen können. Aber ich habe mittlerweile eine gewisse Sympathie für den Ausstieg. Und ich glaube auch, dass er begründbar ist.

Welches Themenfeld würde eine neue Partei besetzen, die sich dauerhaft in der Mitte ansiedeln will?

Sie muss die Bereitschaft zeigen, die neuen Probleme zunächst einmal wahrzunehmen, statt alles sofort einer ideologischen Denkrichtung zuzuordnen. Beim Klimaschutz oder dem demographischen Wandel geht es nicht um Ideologie, sondern um eine Bestandsaufnahme und Fakten. Und die führen dann zu ziemlich bitteren Erkenntnissen, die nach heutiger Lesart nicht wahlkampftauglich sind. Aber sie könnten wahlkampftauglich sein!

**Welche Botschaft müsste dann im Wahlkampf vermittelt werden?**

Nehmen wir die Demographie. Es erschließt sich heute im Grunde jedem Menschen, dass die bestehenden Sozialsysteme angesichts der demographischen Entwicklung nicht mehr finanzierbar sind. Trotzdem machen wir eine Art Milchmädchenrechnung. Wenn man sich die Lebenserwartung anschaut, wird sehr klar, dass nicht nur die ganz Jungen in wenigen Jahren hysterisch darüber lachen werden, wie grotesk es war, das Renteneintrittsalter auf 67 Jahre festzuschreiben. Diese Debatte wird kommen, und sie wird von den Jungen geführt werden, von den verbliebenen Jungen. Die werden einfordern, dass die Älteren sich weiterhin für die Gesellschaft engagieren, im Zweifel auch freiwillig. Und zwar über das 65. oder 67. Lebensjahr hinaus. Diese Debatte werden wir nicht erst im Jahr 2027 führen, sondern wahrscheinlich schon ab 2015, weil die Systeme sonst tatsächlich ins Kippen geraten.

**Was würden Sie den Menschen also sagen?**

Dass das heutige Rentensystem als solches nicht auf Dauer haltbar ist. Anders, als wir das von Wahltag zu Wahltag versprechen.

**Welche Konsequenzen wären daraus zu ziehen?**

Vor allem müssen wir dafür sorgen, dass wir die jungen hoch qualifizierten Leute nicht aus dem Land treiben. Das würde die negative Entwicklung ja noch mal beschleunigen. Auch wird die Generation der Babyboomer, die jetzt irgendwann in Rente gehen wird, zu einem Wertewandel in der Politik führen, weil sie sich natürlich erst mal nicht an der kommenden Generation ausrichtet, sondern eigene Interessen verfolgt. Das alles ist mit relativ klaren, nicht sehr angenehmen Botschaften verbunden. Aber wenn man mit den Menschen draußen spricht, dann merkt man: Jeder weiß das und spürt es in der eigenen Familie. Und jeder weiß, dass er eigentlich von Wahltag zu Wahltag die tollsten Dinge auf Hochglanzpapier vorgesetzt bekommt, die nicht den Realitäten entsprechen.

*Was müsste diese neue Kraft der Mitte noch leisten?*

Etwas, das auch die bisherige Mitte leisten könnte. Das Thema Klimawandel ist beispielsweise nicht auf eine grüne Partei beschränkt, die sich ja mittlerweile selbst längst in der Mitte wähnt.

*Dort ist sie doch auch längst angekommen.*

In Teilen. Die Grünen bringen aber auch immer wieder bemerkenswerte Irrlichter hervor. Heute behaupten Grüne, Klimaschutz gehöre zum Gründungsbesitz ihrer Partei, aber diese Thematik ist so evident, dass andere Parteien sie nicht vernachlässigen können. Sie können das jetzt nach der Fukushima-Debatte nicht einfach genügsam beenden. Es gibt jetzt beispielsweise die Bereitschaft, die Debatte um regenerative Energien zu führen. Ich kann nur hoffen, dass sie nicht wieder verkümmert, wenn wir vor den nächsten Wahlen stehen.

*Tun wir in Deutschland, gemessen an der Bedrohung, für den Klimaschutz immer noch zu wenig?*

Wir tun global viel zu wenig. Und in Deutschland sollten wir uns nicht ausruhen. Selbst die, die sich dieses Thema ursprünglich so sehr auf die Fahnen geschrieben haben, sind in meinen Augen eine bittere Enttäuschung.

Warum sind Sie von den Grünen enttäuscht?

Weil ich das Gefühl habe, dass sie sich mehr und mehr dem Machterhalt verschreiben und deshalb die für die Menschen unangenehmen Folgen einer konsequenten Klimaschutzpolitik umso mehr ausblenden, je näher der Wahltag rückt. Vor allem in internationalen Verhandlungen hätte Deutschland bereits unter einem Minister Trittin mit mehr Nachdruck auftreten müssen, anstatt sich am Dosenpfand abzuarbeiten.

Hat Sie Ihr Optimismus bei diesem Thema verlassen?

Nicht unbedingt. Man kann immer wieder feststellen, dass spätestens in Zeiten höchster Not viele Menschen in der Lage sind, große Schritte zu gehen und auf eine neue Entwicklungs- und Verständnisstufe zu klettern.

Es ist für uns alle ja auch eine gewaltige und nie dagewesene Aufgabe, bei politischen Entscheidungen im globalen Maßstab zu denken.

Das ist eine gewaltige Aufgabe, nicht nur mit Blick auf die Klimafrage. Globale Mechanismen wirken sich ganz konkret auf unser Leben aus. Das zu begreifen und zu thematisieren, wäre für mich Bestandteil jedes Zukunftsentwurfs einer Partei. Aber ich lese das nirgends. Es gibt dazu nur blasse und relativ nichtssagende Sprüche.

Was müsste konkret getan werden?

Man darf sich nicht auf den gegenwärtigen Klimazielen ausruhen. Die werden nicht genügen, und man wird sie immer in Frage stellen. Man muss den Klimaschutzgedanken weltweit, aber auch in unserer Bevölkerung fester verankern.

Diese Bevölkerung hat doch aber, auch im internationalen Vergleich, ein sehr ausgeprägtes ökologisches Bewusstsein.

Ja, aber es reicht nicht aus, dieses Bewusstsein wie eine Monstranz vor sich herzutragen, man muss es auch mal zeigen in anderen Zusammenhängen, um die sich die Politik nicht so kümmern kann. Da kann die Industrie genauso mitgehen. Es ist mehr leistbar und manche in der Wirtschaft begreifen das zu ihren Gunsten. Und mit dem Argument, ›wir tun doch schon so viel‹, hat man auch schon viel versaubeutelt.

Haben Sie sich in Ihrer Zeit als Minister immer unideologisch an den Realitäten ausgerichtet?

Die Frage der Bundeswehrreform war eine, die sich an den Realitäten ausgerichtet hat und nicht an ideologischen Traumbildern. Ich hatte ja selbst eine sehr romantische Vorstellung von der Wehrpflicht, die ich aber überwinden musste, weil sie mit der Realität nicht mehr vereinbar war. Im Grunde geht es darum, dass die Menschen ihre Realität zu reflektieren lernen und Verantwortungsbewusstsein entwickeln.

Muss man die Menschen nicht auch für irgendetwas begeistern können, statt ihnen nur zu sagen, wie schwierig es werden wird?

Ich wäre als Staatsbürger begeistert, wenn mir jemand eine ganz nüchterne, klare, harte Analyse geben und daraus eine Perspektive entwickeln würde! Das kann durchaus eine sehr positive Stimmung auslösen. Es geht ja nicht darum zu drohen, es geht darum, etwas zu bestätigen, was Tatsache ist und was die meisten Menschen spüren.

Was müsste einer Kraft der Mitte zum Thema Integration einfallen?

Nicht in Blaupausen zu denken, weil die als solche nicht tragfähig sind. Dann würde ihr einfallen, dass weder Berlin-Neukölln noch der oberfränkische ländliche Raum allein maßgeblich sein können für eine stimmige deutsche Integrationspolitik. Wahrscheinlich müsste man hier auch mittlerweile mit einem sehr viel weiteren, europäischen Gedanken ansetzen. Ich glaube, dass man einen sehr gesunden Patriotismus mit einem ausgesprochen europäischen Ansatz verbinden kann, auch mit Blick auf die Integration. Man wird sich auch hier mit den Realitäten auseinandersetzen müssen und darf sich jedenfalls nicht reflexartig abschotten.

Würden Sie sagen, dass die sogenannte bürgerliche Mitte auch deshalb verunsichert ist, weil sie sieht, dass sich bestimmte Warnungen der Linken vor dem Kapitalismus nun bewahrheiten? Ich denke zum Beispiel an eine Intervention Frank Schirrmachers in der FAZ, unter der Überschrift: »Ich beginne zu glauben, dass die Linke recht hat.«

Ja, das war ein bemerkenswerter Beitrag! Ich spüre diese Verunsicherung auch, aber sie beschränkt sich meiner Meinung nach nicht auf das bürgerliche oder konservative Spektrum oder auf den Kapitalismus. Ich bemerke momentan über alle Parteigrenzen hinweg eine Verunsicherung. Wir befinden uns in völlig neuen Gedankenszenarien, die Frage, was eine offene Internetwelt heute für uns bedeutet, ist nur ein Beispiel. Eine ideologische Debatte über Globalisierung hilft da nicht weiter, die hat bis heute nicht gefruchtet. Die Globalisierung überholt die Debatte.

**Was wird passieren, wenn die Wahlbeteiligung immer mehr Richtung 50 Prozent rutscht und die Mobilisierung der Bürger nicht mehr gelingt?**

Ich sehe die politische Enttäuschung wachsen, und politische Enttäuschung kann natürlich immer in Extremismus umschlagen, wenn tatsächlich mal irgendwo ein begabter Demagoge auftauchen sollte, den ich aber derzeit nicht sehe. Enttäuschung führt oft auch dazu, dass Menschen innerlich stagnieren, und das wäre fatal für dieses Land. Wir müssen den Jüngeren deshalb Perspektiven bieten. Andernfalls laufen wir Gefahr, dass insbesondere die Leistungsträger das Land verlassen werden. Wir müssen auch attraktiver werden für Menschen, die wir gern im Land hätten. Auch dem sollte man sich nicht verschließen.

**Aber müsste man an dieser Stelle nicht auch eine Lanze für dieses Land brechen? Die Deutschen leben in einer funktionierenden Demokratie, die nun seit mehr als 60 Jahren Frieden, Wohlstand und große Freiheit, nie dagewesene Freiheit, garantiert. Warum sollten sie dieses Land eigentlich verlassen? Sie könnten doch auch ganz glücklich sein, hier zu leben.**

Ja, das können sie. Aber man muss ihnen dieses Glück eben auch vermitteln. Ich bin der Erste, der für dieses Land wirbt, zumal im Ausland, und das mit besonderer Vehemenz. Und ich habe schon in den vergangenen Jahren dafür plädiert, dass man junge Leute wieder für dieses Land begeistern muss und dafür, Verantwortung zu übernehmen. Dafür bin ich belächelt worden, aber ich glaube, dass das eine zwingende Aufgabe ist. Und es braucht auch eine kommunikative Begabung.

Aber es kann doch nicht sein, dass plötzlich alle guten Redner von der politischen Bühne verschwunden sind.
Es gibt jedenfalls keine Inflation der Charismatiker.

Woran liegt das?
Viele finden es alles andere als attraktiv, in die Politik zu gehen, und das ist ein Problem. Es kann doch nicht nur so ein paar Verrückte geben, die sagen: Ich bin unabhängig und deswegen gehe ich in die Politik! Und die dann vielleicht auf die Schnauze fliegen, so wie ich. Man muss die Politik attraktiver machen und Leuten, die im Leben etwas geschafft haben, die Option bieten, für einige Jahre ein politisches Mandat oder Amt zu übernehmen, ohne Gefahr zu laufen, danach auf der Straße zu stehen. Dafür müssen sich die Parteien noch mehr öffnen, da geht es oft eben doch verhärmter zu als gern getan wird. Und um solche Leute zu erreichen, müsste man eben auch die finanziellen Anreize erhöhen.

Mehr Geld für Abgeordnete und Minister?
Ja, wobei man gleichzeitig eine neue, faire Altersregelung finden müsste. Eine Erhöhung der Bezüge mag zu einem Aufschrei in Teilen der Bevölkerung führen, aber ich glaube, dass der gar nicht so laut wäre. Denn man müsste dabei eben immer im Hinterkopf haben, dass unabhängige Leute ihre Karrieren eher für die Politik aufgeben oder unterbrechen werden, wenn sie finanziell einigermaßen abgesichert sind.

*Meinen Sie, dass Sie selbst ein abschreckendes Beispiel sind für Leute, die sich überlegen, in die Politik gehen zu wollen?*

Ich fände es traurig, wenn das so wäre. Denn man könnte an meinem Beispiel eben auch erkennen, dass es sehr wohl möglich ist, sich erst relativ spät für eine Partei zu entscheiden und trotzdem in der Politik eine gewisse Wirkung zu entfalten. Mein Scheitern habe ich natürlich selbst zu verantworten. Aber trotzdem bekomme ich viele Rückmeldungen, in denen es heißt: Als Unabhängiger kann man sich nicht in der Politik engagieren, weil man sonst wie der Guttenberg geschlachtet wird. Das ist bei vielen hängen geblieben. Aber das ist ein Missverständnis. Ich glaube, dass es viele gäbe, die in zehn Jahren etwas Ähnliches schaffen könnten wie ich. Und die würden auch nicht automatisch in meine Situation kommen, wenn sie sich vielleicht nicht gerade den Tort einer Doktorarbeit antun. Wir brauchen einfach unabhängige Köpfe, weil sie die Politik bereichern.

*Aber ist es denen dann auch möglich, unabhängig zu bleiben?*

Ja, das ist möglich. Ich zumindest musste mich in diesen zehn Jahren so gut wie nie verbiegen.

*Wie kam es eigentlich, dass Sie in die CSU eingetreten sind?*

Ich habe mich ja erst mit 29 für eine Partei entschieden, davor war ich völlig ungebunden. Ich habe das damals nicht unter Karrieregesichtspunkten getan. Ich wurde gefragt, ob ich mich lokal engagieren wolle, und das habe ich gern für die Heimat gemacht. Im Zuge dessen habe ich mich dann mit den Parteien auseinandergesetzt, die dort eine Rolle spielten, bis hin zu den Freien Wählern. Bei der CSU habe ich die meisten Überschneidungen mit meinen damaligen Überzeugungen gefunden, von denen heute sehr viele noch stehen.

*Gab es nichts, was Sie abgeschreckt hat?*
Es gab natürlich auch Punkte, mit denen ich mich außerordentlich schwer getan habe, zum Beispiel die damalige Umweltpolitik. Aber bei anderen Dingen, die mir wichtig waren, etwa in der Familienpolitik, habe ich mich sehr aufgehoben gefühlt.

*Wie finden Sie die Öffnung der Familienpolitik, für die Frau von der Leyen steht?*
Es gibt sicherlich Punkte, an denen man sich immer wieder mal reiben kann, aber das ist ein wohltuender Diskurs. Davon leben Parteien ja letztlich, dass so etwas zugelassen wird und nicht gleich endet wie auf dem Schlachtfeld.

*Hätte ein junger, konservativer Zwanzigjähriger es heute leichter, sich einer anderen Kraft als der Union zuzuwenden, weil die Grenzen zwischen den Parteien verschwimmen?*
Wenn man sich alle vier größeren Parteien anschaut, die Linke lasse ich jetzt mal außen vor, dann muss man sagen, dass dieser Zwanzigjährige es vergleichsweise schwer hätte. Das liegt einfach daran, dass alle Parteien momentan mit ihren Grundüberzeugungen ringen und in vielen Positionen keine überzeugenden Konzepte vorlegen. Ich sehe derzeit bei keiner Partei einen allumfassend überzeugenden Entwurf. Das sage ich, obwohl ich am Grundsatzprogramm meiner Partei mitgearbeitet habe. Vielleicht kann es einen solchen Idealentwurf aber auch gar nicht geben.

Das heißt, wenn Sie heute noch mal 29 wären, hätten Sie auch größere Schwierigkeiten, sich für eine Partei zu entscheiden?

Ja. Das heißt aber nicht, dass ich mich deswegen nicht weiterhin bei meiner Partei aufgehoben fühle. Aber ich hätte heute als junger Mensch, wenn ich vor der Eintrittsentscheidung stehen würde, mehr mit der Auswahl zu kämpfen. Das mag den Zwängen unserer Zeit geschuldet sein, das muss man auch erst mal niemandem persönlich zum Vorwurf machen.

Welche Zwänge meinen Sie? Den Zwang zur Wiederwahl?

Ja, der kommt natürlich dazu. Und ich glaube, dass falsch mit diesem Zwang umgegangen wird. Zu den großen politischen Herausforderungen gibt es heute keine wirklich intellektuell belastbare Debatte in den Parteien. Und deswegen auch nicht zwischen den Parteien. Das gilt dann leider spiegelbildlich auch für die politikbegleitende Auseinandersetzung. In Amerika wurden im 18. Jahrhundert die Federalist Papers veröffentlicht, um die Debatte über die Herausbildung der Vereinigten Staaten und die Schaffung einer Verfassung zu begleiten. So etwas vermisst man in der aktuellen europäischen Debatte an allen Ecken und Enden.

Wie kann man die politische Kommunikation verbessern?

Ich habe persönlich die Erfahrung gemacht, dass man sehr wohl Menschen erreichen kann. Und ich habe natürlich auch viele erbost, wenn ich auf Mittel zurückgegriffen habe, die manche für verwegen halten.

Woran denken Sie da?

Wir hatten das schon. Manchmal können Sie mit einem gezielt gesetzten Satz bei Thomas Gottschalk eine größere Diskussion auslösen als mit einem Namensbeitrag in der »Zeit«.

**Schwer vorstellbar!**

So sehr ich mich im Zweifel immer aus Lust und Laune für den Namensbeitrag entscheiden würde und wahrscheinlich selbst die Verkümmerung der eigenen Argumentationslinie sehen würde, wenn man eine Sendung für ein Schlagwort nutzt: So etwas ist manchmal unverzichtbar, um ein gewisses Publikum zu erreichen, das auf den üblichen Wegen nicht mehr erreichbar ist.

**Kann man diese Leute auch erreichen, wenn man die Anti-Politiker-Tour reitet?**

Das glaube ich, ja. Und ich höre sehr wohl die Kritik, die da mitschwingt. Man darf nicht ständig damit kokettieren, dass man ganz anders und nicht den üblichen Mechanismen des Geschäfts unterworfen sei.

**Aber haben Sie das nicht permanent getan?**

Nein, das wäre ja auch in dem Moment aufgeflogen, in dem ich selbst Entscheidungen treffen und auf die politischen Mechanismen zurückgreifen musste. Sie können gar nicht brachial »der Andere« sein.

**Aber Sie haben den Berliner Betrieb zum Beispiel als Affenkäfig bezeichnet: Dienten solche Formulierungen nicht der öffentlichen Abgrenzung?**

Ich habe immer gesagt, dass ich selbst einer dieser Affen bin. Das ist ein Unterschied. Und dass ich selbst einer derjenigen bin, die im Zirkuszelt dem Dompteur unterworfen sind. Die Koketterie findet da ihre Grenzen, wo man sich selbst entlarvt.

Warum werden so viele Mitarbeiter dieses politischen Apparates in Ihren Augen betriebsblind?

Sie werden abgeschliffen, das ist ein altes Prinzip. Das liegt am Arbeitsdruck, vielleicht auch am persönlichen Druck, den es ja auch mal geben kann. Fraktionsdruck kann ausgeübt werden, das ist so. Er findet nicht so häufig statt, wie behauptet wird, aber es gibt ihn. Dann gibt es den Druck zur Wiederwahl, manchmal bestehen Abhängigkeitsverhältnisse. Trotzdem wäre es falsch zu behaupten, dass es in der Politik nur ganz wenige Unabhängige gibt. Aber es gibt einige, die irgendwann ein Schatten ihrer selbst sind.

Wolfgang Bosbach ist gerade mit heftigen Worten von Ronald Pofalla angegangen worden. Wenn ein profilierter Politiker wie er sich so etwas anhören muss, wie ergeht es dann einem unbekannten Neuling? Wird man da nicht relativ schnell zurechtgestutzt und auf Linie gebracht?

Gute Charaktere können diesem Niveau etwas entgegensetzen. Und ich habe Wolfgang Bosbach immer als jemanden empfunden, der großartig in der Lage ist, seine eigene Position zu formulieren. Er ist einer der Köpfe, die ich sehr schätze, auch wenn wir einige Male diametral andere Meinungen vertreten haben.

Welcher Politiker ist schon so glamourös wie Sie, dass er die Chance hat, zu »Wetten, dass ...?« eingeladen zu werden?

Ich bin nun wirklich nicht der Erste. Aber trotzdem haben Sie als Politiker alle Möglichkeiten, andere Medien zu nutzen. Man kann schon dafür sorgen, dass man auf sich aufmerksam macht. Ich habe zum Beispiel in den ersten Jahren als Außenpolitiker schlichte Kärrnerarbeit geleistet und jeden Unsinn, den ich für wichtig hielt ...

... rausposaunt?

Zumindest habe ich meine Gedanken in Pressemittei-
lungen all jenen aufgedrängt, die ganz bestimmt nichts
davon wissen wollten. Irgendwann hat man damit dann
Erfolg.

Kennen Sie Politiker, die Angst vor der unmittelbaren Begegnung mit Menschen haben?

Es gibt immer welche, denen der direkte Kontakt schwerer fällt als anderen. Das ist eine Persönlichkeitsfrage.

## »Zynismus ist an der Tagesordnung« – Politik im globalen und europäischen Kontext

Sie sind, im Moment jedenfalls und auch nicht ganz freiwillig,
der personifizierte Weltbürger: Gestern in Oslo, heute in London, morgen in Connecticut. Welche Bedeutung haben für Sie
noch nationale Eigenarten?

Eine wachsende. Das Gefühl der Entgrenzung und
weltweiten Vernetzung führt generell zu dem Reflex,
sich an eine fassbare Umgebung zu halten, und dazu
zählen auch Nationalstaaten. Man muss natürlich wach-
sam sein, dass das nicht in eine Renationalisierung ab-
driftet und populistisch missbraucht wird.

Welche positiven Dinge verbinden Sie mit dem Nationalen?

Ich halte es nach wie vor für eines der größten Güter,
dass wir so viele unterschiedliche Kulturen haben.

Sie denken jetzt an Bach und Michelangelo?

Warum nicht? Spontan aber auch an Gedichte von Durs
Grünbein und Puschkin, bis hin zu Sportarten, die sich

nur in bestimmten Regionen entwickeln und selbst an die Kultur der Freiwilligen Feuerwehren, die in gewissen Erdteilen etwas gelten und in anderen wieder nicht. Alle diese Dinge müssen einen Wert haben, damit die so oft geforderte Toleranz für andere Kulturen überhaupt erwachsen kann. Wir haben leider schon eine Neigung zur Kulturvergessenheit, auch in unserem Land.

Es gelingt heute nicht mehr so einfach, die Europäische Union mit dem Versprechen auf Frieden, Wohlstand und Freiheit zu begründen; dieses Pathos der Nachkriegszeit verfängt nicht mehr. Wie könnte man heute Leidenschaft für Europa erwecken?

Indem wir aufhören es abstrakt und mit abgegriffenen Chiffren zu definieren. Ich glaube, dass es den Menschen immer noch um Heimat geht und darum kulturelle Vielfalt zuzulassen, aus der letztlich ein Ganzes erwachsen kann. Die Beispiele müssen nur konkreter werden und einen Alltagsbezug zulassen.

Eine ökonomische Argumentation könnte lauten: Wenn wir Europäer in den nächsten Jahren auf dem Weltmarkt eine Chance gegen die USA, China, Indien und andere Staaten haben wollen, müssen wir uns zusammentun.

Ich bin diesem Argument gegenüber sehr aufgeschlossen. Aber es hat in den letzten Monaten nicht gegriffen, obwohl es sehr oft wiederholt wurde. Trotzdem halten zu viele Menschen in Deutschland die Rückkehr zur D-Mark für den richtigen Weg. Meiner Meinung müsste man umgekehrt vorgehen und vom Nationalstaat ausgehen, um Europa zu begründen: Die Stärke eines Landes und damit die Zukunft der eigenen Kinder lässt sich nur über Europa gewährleisten. Die europäische Entwicklung hat die Menschen in den letzten Jahren oft erschreckt und überfordert. Die letzten Erweiterungsschritte waren richtig, aber sie gingen viel zu schnell. Es fehlt in ganz Europa an Begabungen, die es schaffen, die komplexen Zusammenhänge verständlich zu vermitteln.

Ist das für Sie das Kernziel: komplexe Zusammenhänge immer besser zu verstehen?
Es ist für mich ein lohnendes Ziel, in meinem Leben noch so viel lernen zu dürfen, dass ich sie mir zunächst einmal selbst erklären kann.

Das sagt immerhin der ehemalige Wirtschaftsminister der Bundesrepublik Deutschland.
Das sagt der ehemalige Wirtschaftsminister, der seine Grenzen und die einiger Kollegen mit voller Wucht erlebt und festgestellt hat. Einer dieser Kollegen will jetzt Kanzlerkandidat werden. Er hat sicherlich Zeit gehabt, einiges zu lernen.

Peer Steinbrück!
Ja, Peer Steinbrück.

Sie vermissen Grundsatzdebatten – aber wir hatten in Deutschland in diesem Jahr doch zwei intensive Diskussionen, ausgelöst durch Fukushima und den Arabischen Frühling. Es ging um die Fragen, wie wir in Zukunft unsere Energieversorgung sichern wollen, und ob es gerechte Kriege gibt, an denen man sich beteiligen muss.
Ja, aber mindestens eine dieser Diskussionen ist mir immer noch zu schwach ausgebildet. Es mag Ausnahmen geben, aber für die breite Bevölkerung hat die Debatte über die Folgen des sogenannten Arabischen Frühlings gar nicht stattgefunden. Man hat fasziniert zugeschaut,

was da in den arabischen Ländern passiert, aber man fragt nicht nach den Konsequenzen. Gerade die Ägypten-Debatte müsste jetzt geführt werden. Aber wo ist sie? Nirgends. Und die Syrien-Debatte droht auch schon wieder abzuebben.

Wie fanden Sie es, dass sich die schwarz-gelbe Bundesregierung im März bei der Entscheidung des UNO-Sicherheitsrats über die Libyen-Resolution enthalten hat?
Ich war entsetzt.

Können Sie sich erklären, wie diese Haltung zustande kam?
Nein, ich kann ja nicht in Köpfe blicken. Die Stimmungslage im Bündnis ist wegen dieser Sache, ich versuche es höflich zu formulieren, weiterhin sehr frostig bis gefroren, und es ist immens viel Arbeit vonnöten, um hier wieder das Vertrauen zu schaffen, das vor dieser Entscheidung herrschte. Es geht gar nicht nur um die Frage der Luftangriffe. Was zu sehr viel mehr Verstörung beigetragen hat, ist der Abzug von Marineeinheiten aus dem Mittelmeer. Auch das war nicht nachvollziehbar.

Wären Sie dafür gewesen, dass Deutschland sich an dem Militäreinsatz beteiligt?
Ich glaube, es wäre schwer gewesen, Truppen zur Verfügung zu stellen, weil die Bundeswehr wirklich bis ans Limit gebunden ist, in Afghanistan, im Kosovo und an anderen Orten. Aber etwa logistische Aufgaben, die nicht so viel Personal erfordern, hätte man bezüglich Libyen durchaus offen übernehmen können.

Was unterscheidet den Einsatz in Libyen von dem in Afghanistan?

In gewisser Hinsicht hat man hier aus dem Afghanistan-Einsatz gelernt. Man hat sich militärisch besser auf die Gegebenheiten vor Ort eingestellt und in weit größeren Zirkeln schon vorher über die Zeit nach dem Einsatz nachgedacht.

War das in Ihren Augen eine völlig selbstlose Intervention, zur Vermeidung von Massakern in Bengasi und anderswo?

Ja, im Wesentlichen schon. Wenn einer der Verbündeten in ein oder zwei Jahren Geschäfte mit der Nachfolgeregierung macht, wird es aber immer die Schlaumeier geben, die sagen, es ging wieder nur ums Öl. Dieser Reflex ist absehbar, den werden Sie auch nie verhindern können, ganz egal, wie hehr Ihre Ziele sind. Sie können niemandem verbieten, dass er später mit einer libyschen Regierung wirtschaftliche Beziehungen unterhält, die letztlich für alle Beteiligten von Vorteil sein könnten. Ich kann mir auch vorstellen, dass eine libysche Regierung dann lieber mit Staaten verhandelt, die dem Land geholfen haben, als mit denjenigen, die sich im Sicherheitsrat enthalten haben.

Wie würden Sie Ihren Töchtern erklären, dass die Staaten, die Gaddafi bombardiert haben, zuvor jahrelang florierende Geschäfte mit ihm gemacht haben? Oder dass der amerikanische Geheimdienst CIA laut New York Times sogar Terrorverdächtige zur Vernehmung nach Libyen geschickt hat?

Seinen Kindern muss man im Grunde die Realitäten sich wandelnder Außenpolitik erklären. Die haben oft etwas mit gutem Glauben und Erwartungen zu tun, die nicht erfüllt werden. Letztlich sind sie rückgekoppelt an Menschen, die in ihrer ganzen Pracht und Fehlerhaftigkeit Entscheidungen treffen.

*Opportunismus, Zynismus und Verlogenheit erwähnen Sie nicht?*

Auch das wird es in der Politik immer geben, man wird nie eine Staatsform erfinden, die das ausschließt. In der Außen- und Sicherheitspolitik wird die Fehlerhaftigkeit von Menschen besonders deutlich, weil die Folgen oft so gewaltig sind. Zynismus ist an der Tagesordnung.

*Was war Ihre erste große Ernüchterung?*

Das Ausmaß der Debatte über den NATO-Doppelbeschluss. Da war ich ein Bub und habe ganz dumme Fragen gestellt. Zum Beispiel: Warum will man eine Waffe behalten, wenn man weiß, dass das sinnlos ist? Die Antworten, die ich damals bekommen habe, waren wenig klar, und das hat zu Ernüchterung geführt. Ich kann mich noch erinnern, dass wir in der Familie intensiv über den Doppelbeschluss diskutiert haben. Da gingen die Meinungen sehr auseinander. Ich wollte eine einfache Erklärung, die es nicht gab, weil die Dinge komplexer waren, wie so oft.

*Waren Sie denn dann für oder gegen den Beschluss?*

Dafür, aber aus Wichtigtuerei und nicht aufgrund fundierter Kenntnis.

*Was spräche für eine militärische Intervention zur Unterstützung der Rebellen in Syrien?*

Bislang gar nichts, weil die rechtlichen Grundlagen fehlen und sich wahrscheinlich auch nur schwer schaffen lassen. Man bräuchte erneut eine tragfähige Resolution, die mit Chinesen und Russen zumindest derzeit nicht erreichbar ist. Man bräuchte ein einsatzfähiges Bündnis, was momentan, nicht nur angesichts der Belastung der NATO, auch nur schwer zustande zu bringen ist. Und man bräuchte natürlich auch einen sehr klaren Blick dafür, wo man danach hin will. Es reicht nicht aus, Exilregierungen einfach zu umarmen.

*Das heißt, es gibt keinen Automatismus zur Intervention, auch wenn das Unrecht zum Himmel schreit?*

Nein, den darf es nicht geben. Es muss einen belastbaren Rechtsrahmen geben, sonst würden wir wirklich in einen reinen Interventionismus abgleiten, der irgendwann nicht mehr nur hehren Zielen diente. Aber an diesem Punkt müssen wir natürlich auch über die dringende Reformbedürftigkeit der Vereinten Nationen sprechen. Die Zusammensetzung und Entscheidungsmuster des Sicherheitsrats in der heutigen Form sind eine Farce, sie spiegeln die Welt von 1949 wider. Unser internationales System wird von verschiedenen Krankheiten geplagt, und die meisten internationalen Institutionen werden den Aufgaben der heutigen Zeit einfach nicht mehr gerecht.

*Es gibt zahlreiche Reformmodelle, welches befürworten Sie?*

Ich habe eine große Sympathie dafür, dass man bei der Zusammensetzung und bei den Abstimmungsmodi des Sicherheitsrats die »global shifts of power«, die Machtverschiebungen auf der Welt berücksichtigt und maßvoll revolvierende Elemente aufnimmt, damit regelmäßig eine außen- und sicherheitspolitische »Blutauffrischung« möglich ist.

Deutschland hat zurzeit einen nichtständigen Sitz im Sicherheitsrat; die Aufnahme im vergangenen Jahr gilt vielen als der bislang einzige große Erfolg von Außenminister Westerwelle.

Der Erfolg, aufgenommen worden zu sein, kann sich schnell relativieren, wenn es darum geht, wie man diesen Sitz in der Praxis in Anspruch nimmt.

Sie haben gesagt, dass das Nein der Regierung Schröder/Fischer zum Irak-Krieg kein Fehler war. Wie beurteilen Sie als bekennender Transatlantiker die Rolle der USA, die sich die Prinzipien der Menschenrechte und der Demokratie auf die Fahne geschrieben haben, aber für Guantanamo und Abu Ghraib verantwortlich sind?

Natürlich müssen wir daraus lernen und die Konsequenzen für weitere Einsätze ziehen. Wir müssen auch versuchen, Einfluss auf die USA auszuüben und uns dabei auf gemeinsame Wertmaßstäbe berufen. Das können wir aber nur, wenn wir Glaubwürdigkeit besitzen und als Partner ernst genommen werden. Das ist nicht zu schaffen, wenn man sich aus einer Gemeinschaft löst.

Was meinen Sie: Wie wird man in ein paar Jahren auf das Trio Bush-Cheney-Rumsfeld schauen?

Man sollte sich das nicht zu einfach machen. Die drei stehen nicht für eine einzige politische Schule. Die politische Szene in Amerika ist sehr viel heterogener, als wir das in Deutschland gelegentlich wahrnehmen. Das gilt auch mit Blick auf die sogenannten Konservativen. Ich würde Cheney nie in dieselbe Schublade stecken wollen wie Bush, und auch Rumsfeld ist mit den anderen beiden nur schwer vergleichbar.

Alle drei haben gelogen, um den Irak-Krieg vor der Weltöffentlichkeit zu rechtfertigen. Saddam Hussein verfügte nicht über Massenvernichtungswaffen.

Der Blick der Geschichtsschreibung auf den Beginn des Irak-Krieges wird nicht sehr gnädig sein, das ist sicher richtig. Das sieht schon anders aus, wenn man Afghanistan betrachtet. Da wird man, zumindest was den Beginn des Einsatzes angeht, zu einem günstigeren Urteil kommen, gleichzeitig aber feststellen, dass einige nachgeschobenen Ziele nicht annähernd erreicht worden sind. Aber das ist nicht allein der Bush-Regierung anzulasten, dazu haben wir alle einen Beitrag geleistet.

War es für Sie ein Schock, als die Verbrechen in Guantanamo und Abu Ghraib ans Licht kamen? Hatten Sie das vorher für möglich gehalten?

Das Ausmaß hat mich überrascht. Manche halten sich ja für Propheten und behaupten, sie hätten die USA schon immer auf diesem Dampfer gesehen, aber das halte ich für eine Selbstüberschätzung. Man kann das natürlich nicht mit den rechtsstaatlichen Grundsätzen der Vereinigten Staaten in Einklang bringen. Überraschend ist auch, wie wenig entschlossen an manchen Stellen Konsequenzen gezogen worden sind. Das Guantanamo-Problem zum Beispiel ist bis heute nicht gelöst – entgegen mancher Ankündigungen eines Präsidenten, in den hohe Erwartungen gesetzt worden sind. Es ist still geworden. Und trotzdem oder gerade deswegen müssen wir mit aller Kraft für ein gutes transatlantisches Verhältnis kämpfen. Andernfalls richtet sich der Blick Amerikas mehr und mehr über den Pazifik. Nicht zu unseren Gunsten.

# Kapitel 4

# Gegenwart und Zukunft

## »Das Wasser wird schnell kühler« – Nach dem Rücktritt

Die letzten beiden Nachrichten zu Ihrer Person vor diesem Gespräch waren diese: Der CSU-Parteitag hat kühl auf die Erwähnung Ihres Namens reagiert, und der Produzent Nico Hofmann will Aufstieg und Fall des Karl-Theodor zu Guttenberg als Komödie verfilmen. Fürchten Sie jetzt, dass Ihr Bild in der Öffentlichkeit allzu sehr verzerrt werden könnte, wenn Sie nicht bald intervenieren?

Ich habe ja nicht nur in diesem Jahr, sondern auch schon zuvor immer wieder mit dem Wechselspiel zwischen richtigen Beschreibungen meiner Person und Verzerrungen leben müssen. Das liegt in der Natur der Sache, wenn man zur öffentlichen Person wird. Nein, weder der Film noch der Parteitag waren Gründe für dieses Interview. Es ist doch völlig normal im politischen Geschäft, dass man auf Parteitagen, an denen man nicht teilnimmt, nicht die Reaktionen auslöst, die man vielleicht bei anderer Gelegenheit erfahren hat.

Aber war das nicht eine sehr plötzliche Abkühlung? Auch Horst Seehofer hat Ihren Namen nicht einmal erwähnt.

Er hat doch außerordentlich nette Worte beim politischen Aschermittwoch, relativ kurz nach meinem Rücktritt, für mich gefunden. Das hätte er nicht gemusst. Das hat mich damals sehr gefreut. Und wissen Sie, wenn man nicht mehr in der gleichen Badewanne planscht, wird das Wasser schnell kühler.

Ist es nicht ein Indiz dafür, dass Sie inzwischen eher unerwünscht sind, wenn Sie nicht mehr erwähnt werden?

Es ist eher ein Indiz für die ungeschriebene Regel, dass das Geschäft weitergehen muss, unabhängig von ehemaligen Amtsträgern. Das ist nichts, was mich bedrückt. Ich habe das erwartet, sogar früher schon.

Die Kanzlerin hat Sie auf dem Parteitag freundlich erwähnt.

Das habe ich nur aus der Ferne wahrgenommen, und es hat mich überrascht, weil ich nicht damit gerechnet hatte. Ich bin auch immer wieder darüber erstaunt, in welcher Form so etwas dann von den Beobachtern rezipiert wird.

Haben Sie sich über die Worte von Frau Merkel gefreut?

Ja, weil ich es – wie gesagt – nicht erwartet habe.

Wie war das für Sie, als Sie von Nico Hofmanns Film erfuhren?

In meiner ersten Reaktion habe ich an meine Kinder gedacht und mich gefragt: »Muss das auch noch sein?« Ich habe beschlossen, das mit Humor zu nehmen. Und da der Film ja als Satire angekündigt ist, hoffe ich, dass er wenigstens komisch wird.

Der Film wird bereits jetzt mit »Schtonk!« verglichen, und da geht es immerhin um die größte Fälschungsgeschichte in der Geschichte des deutschen Journalismus. Befürchten Sie nicht, dass man für gewisse Aufgaben nicht mehr in Frage kommt, wenn man Gegenstand einer solchen Satire wird?

Das kommt wahrscheinlich darauf an, wie man selbst darauf reagiert. Das Schöne ist ja, dass eine Satire eine Überspitzung ist, und dass es hinter der Überspitzung auch noch einen normalen Menschen gibt. Und dieser

Mensch zu sein, werde ich mir von einem Film gewiss nicht nehmen lassen.

*Sie können jetzt schon ausschließen, dass Sie rechtlich gegen dieses Filmprojekt vorgehen werden?*

Aber ja! Als Politikschaffender durfte ich ja bereits Objekt der wildesten Werke von mehr oder weniger begabten Kabarettisten sein. Das muss man ertragen und, wenn es gut ist, genießen.

*Hat Ihre Familie auch so gelassen reagiert?*

Nein, in der Familie war die Betroffenheit schon etwas ausgeprägter. Was alle besorgt, ist die Frage: Gelingt es uns, die eigenen, noch sehr jungen Kinder vor all dem zu schützen?

*Wie begegnen Ihnen denn die Leute seit Ihrem Rücktritt?*

Es mag überraschen, aber fast durchgängig positiv. Menschen kommen auf mich zu, wenn sie mich erkennen, völlig unabhängig, ob das auf der Straße oder an einer Tankstelle ist, und die überwältigende Mehrzahl dieser Menschen spricht mir Mut zu und fragt mich danach, ob ich denn wieder zurückkehre und den Weg zurück in die Politik finde. So erfreulich das alles ist, so wichtig ist es gleichzeitig, irgendwann für sich eine gewisse Distanz aufzubauen, nicht zu den Menschen, aber zu den Vorgängen, die einen ja doch betreffen und mich auch entsprechend bedrückt haben. Das war einer der Gründe dafür, warum ich gesagt habe: Ich muss jetzt den Kopf und die Seele freibekommen. Und dafür ist, zumindest für einen begrenzten Zeitraum, auch eine räumliche Distanz vonnöten.

Das heißt, Ihr Lieblingsspruch »Wenn man bis zum Hals im Wasser steht, sollte man den Kopf nicht hängenlassen«, trifft inzwischen auf Sie zu?

Ja, sehr sogar und ich bin offensichtlich noch nicht abgesoffen. Natürlich war ich in einer Situation, die man keinem Menschen wünscht. Ich musste für mich selbst eine Form des Umgangs mit den Erlebnissen finden. Das habe ich jetzt getan. Die Reaktionen so vieler Menschen nach dem Rücktritt waren ungemein ermutigend.

Haben Sie diesen Kontakt gesucht oder eher versucht, auf der Straße nicht erkannt zu werden?

Wenn ich mit meinen Kindern in der Stadt unterwegs war, habe ich mir ab und an eine Baseballmütze aufgezogen, mit eher geringem Erfolg. Aber ich wollte verhindern, dass die Kinder ständig in die Diskussion hineingezogen werden, auch wenn es durchweg positive Gespräche waren. Für die Kinder war das eine sehr, sehr schwierige Zeit, die es zu verarbeiten galt und gilt.

Gibt es nicht auch Menschen, die Sie auf der Straße kritisieren oder aggressiv angehen?

Ich habe lediglich einmal eine aggressive Bemerkung zugerufen bekommen, das war beim Bon-Jovi-Konzert im Juni 2011 in München. Einer hat hinten laut »Betrüger« gerufen. So was trifft, das steht außer Frage. Das war aber die einzige negative Reaktion, die ich in der direkten Begegnung erfahren habe.

Kaum zu glauben!

Ja, das hat mich auch erstaunt. Das, was ich über mich lesen und sehen durfte, hätte eigentlich andere Reaktionen hervorrufen müssen. Aus der Ferne gab es das auch: Es kamen einige sehr wüste schriftliche Reaktionen, insbesondere anonyme E-Mails, die teilweise jedes Maß überschritten haben. Ich habe Morddrohungen erhalten, und selbst meine Familie ist auf diese Art sehr hart angegangen worden. Man kann sich, glaube ich, vorstellen, was das bei Kindern auslöst.

Wie war das?

An ihrer Schule in Berlin wurden sie großartig geschützt, aber natürlich nicht vor den Äußerungen anderer Kinder. Und immer dann, wenn sie die Schule verließen, wurden sie mit der Sache konfrontiert. Der Gipfel war aber eine andere Geschichte: Als meine ältere Tochter für das kommende Jahr auf eine andere Schule wechseln wollte, bekamen wir einen Brief von der Vorsitzenden eines Elterngremiums, in dem stand, dass das Kind auf der Schule nicht erwünscht sei.

Mit welcher Begründung?

Das wurde mit dem Vorwurf der Unglaubwürdigkeit des Vaters begründet. Das sind Beweggründe und Zustände, von denen wir in Deutschland eigentlich glaubten, sie überwunden zu haben.

Sie sehen den Tatbestand der Sippenhaft erfüllt?

Ja. Das waren Erlebnisse, die über alle Maßen bedrückend waren.

Und die Morddrohungen, wie gingen die ein?

Teilweise brieflich oder per E-Mail. Und natürlich ist es dann auch mal meine Ehefrau, die so etwas aufmacht.

Haben Sie deswegen Personenschutz bekommen?

Ja, das hat wohl dazu beigetragen, dass wir auch nach dem Rücktritt noch unter Personenschutz standen und in Deutschland bis heute stehen. Das hätte ich mir anders gewünscht, weil ich es nicht als Privileg erachte, sondern als Belastung, so nett die einzelnen Personenschützer auch sind.

Wenn Sie auf Ihr eigenes politisches Schicksal schauen, würden Sie sagen, Sie sind ungerecht bedacht worden?

Mittlerweile würde ich sagen, ich bin um eine unfassbar fordernde Lebenserfahrung reicher geworden. Tatsächlich fühle ich mich für meine künftigen Aufgaben auch besser gewappnet.

Wie würden Sie die denn nennen, diese Lebenserfahrung? Scheitern?

Ja, natürlich ist das ein Scheitern. Aber eben auch ein Umgang mit Scheitern. Denn in jedem Scheitern liegt ein Neuanfang. Ich bin für vieles, was ich jetzt in diesen Monaten erfahren durfte, dankbar. Es gab auch enorme Härten, die sicher auch lange nachwirken werden. Es wäre ja unmenschlich, wenn das nicht so wäre. Aber rückblickend habe ich Extreme erlebt, die mich stärken werden. Und ich habe nun wirklich sehr unterschiedliche Extreme erfahren.

Auf der einen Seite große Zustimmung, sogar Bewunderung ...

Ja, die mich eher besorgt, vielleicht sogar verängstigt hat, weil ich ja wusste, dass es auf der anderen Seite die Gegenkraft gibt – und die Gefahr des Absturzes.

Was überwiegt denn – die Freude darüber, dass man gemocht wird, oder die Angst davor, dass man wieder abstürzen könnte?

Die Sorge hat überwogen. Sorge davor, über die eigenen Fähigkeiten hinaus zur Projektionsfläche zu werden. Ich wurde teilweise als jemand gesehen, der die unterschiedlichsten Problemlagen im Zweifel mit einem Handstreich lösen kann.

Ihrem Parteifreund Michael Glos wird folgendes Zitat zugeschrieben:»Wenn Guttenberg heute sagen würde, der Himmel ist nicht blau, sondern gelb, dann würde die Mehrheit der Deutschen zum Himmel hoch schauen und sagen: Recht hat er.«

Dummerweise hat sich der Himmel dann als grün herausgestellt ... Nein, diese Projektionsfläche war sicher zu groß im Vergleich zur Realität. Manchmal ist man aber auch überrascht, dass man im beruflichen Leben so über sich hinauswächst. Hätte mir vor fünf Jahren jemand gesagt, Du schiebst so eine Reform an, dann hätte ich vielleicht gesagt: Das ist unmöglich, träum weiter ...

Hebt man nicht zwangsläufig ein Stück weit ab, wenn man so einen Hype erfährt?

Ja, aber durch die Sorge, die Ihnen genau das bereitet, bleiben Sie auch mit der Erde verbunden. Ich hatte immer das Gefühl, fest verankert, geerdet zu sein. Vielleicht kann man das mit einem Bild ausdrücken: Es fühlte sich so an, als ob ein Seil um meinen Fuß geschlungen war, das mich immer wieder zurückzog, wenn ich abzuheben drohte. Ich hatte wunderbare »Seilschaften« um mich herum, besonders in Oberfranken. Und wenn Sie in Oberfranken auch nur ansatzweise abheben, werden Sie mit einer solchen Wucht auf den Erdboden zurückgezogen, dass Sie's gar nicht glauben.

Das ist in Berlin anders.

Ja, das ist in Berlin ein bisschen anders. Deshalb war meine geliebte Heimat da unten immer mein Regulativ.

Wann hatten Sie nach Ihrem Rücktritt zum ersten Mal das Gefühl, wieder Oberwasser zu haben?

Schwer zu sagen, das sind ja eher Wellen, denen man standhalten muss. Mir ging's zum Beispiel relativ gut beim Abschied, dem Großen Zapfenstreich.

Mit dem Stück von Deep Purple, das Sie sich gewünscht hatten.

Das werde ich nie vergessen, wie diese Gruppe von Protestlern um das Areal am Bendler-Block stand und »Raus aus Afghanistan!« gerufen hat und diese Anti-Bundeswehr-Sprüche. Als die Kapelle dann »Smoke on the Water« gespielt hat, brachen sie in Jubelschreie aus: »Jawoll! Genau! Super!« Danach war Ruhe. Die wussten nicht, dass ich mir den Song gewünscht hatte. Die waren dann selig da draußen, haben laut applaudiert und sind abgezogen.

Warum haben Sie sich ausgerechnet »Smoke on the Water« gewünscht?

Aus zwei Gründen: Zum einen wollte ich dem Vorwurf, lediglich für Schall und Rauch zu stehen, lautmalerisch begegnen ...

... war das wirklich die rechte Zeit für Scherze?

Ja, gerade wenn es ernst wird, tut mir Selbstironie gut.

Was war der zweite Grund?

Wenn man sich die Entstehungsgeschichte dieses Liedes anschaut, dann sieht man, dass aus viel Rauch auch einiges entstehen kann. Deep Purple beschreiben in dem Song ja eine wahre Geschichte: Sie waren zu Aufnahmen in Montreux, als während eines Konzerts von Frank Zappa ein Feuer ausbrach – Rauch über dem Genfer See, Smoke on the Water. Die Band beobachtete das und schrieb darüber den Song. Trotz allen vordergründigen Rauches konnte also noch etwas sehr Substanzielles entstehen.

## »Wer fällt, muss auch wieder aufstehen können« – Die nächsten Jahre

Wie geht es Ihnen jetzt?

Die momentane Distanz zu den Dingen ist wohltuend. Ich hatte natürlich auch mit einer sehr schweren inneren Erschütterung umzugehen.

Wann ist denn die Entscheidung gereift, in die Vereinigten Staaten zu gehen?

Im Laufe des Frühjahrs.

Also relativ schnell?

Ja, allerdings unter Abwägung einiger schöner Optionen, die es gab. Berufliche Angebote, die mich in andere Teile dieser Welt geführt hätten, bis ins ferne Asien.

Was waren das für Angebote?

Das waren teilweise interessante Angebote aus der Wirtschaft. Es gab aber auch Angebote von NGOs, sogar aus der akademischen Welt, erstaunlicherweise.

Auch aus Deutschland?

Es gab und gibt auch aus Deutschland Angebote, ja.

Sie haben alle Angebote abgelehnt?

Ja.

Wie haben Sie sich kürzlich, im September, als Gast der Clinton Global Initiative in New York gefühlt? Der »Spiegel« hat beobachtet, dass Sie bei der Konferenz zunächst am Rand saßen, sich dann aber in die Mitte des Publikums vorgearbeitet hätten.

Die Beobachtungsgabe mancher Korrespondenten ist schon grandios. Ich habe mich da als das gefühlt, was ich war: ein ganz normaler Gast.

Und darin nichts Kränkendes entdecken können?

Warum denn? Ich bin glücklich, derzeit so etwas wie ein normales Leben führen zu können. Im Vorstadtzug von New York zu sitzen und nicht erkannt zu werden, ist ebenso angenehm, wie bei einer Konferenz einfach mal nur als Zuhörer auf einem Nebengleis zu sitzen. Ich bin in einer Phase, in der ich Dinge gern und fröhlich aufnehme und vieles lerne. Ich habe jetzt Zeit – statt eines reservierten Platzes in der ersten Reihe.

Was sagt denn Ihre innere Uhr, wie lange bleiben Sie in den USA?

So lange, wie es meiner Familie und mir Freude macht.

Es gibt keinen Termin?

Ich terminiere gerade gar nichts.

Es steht aber fest, dass Sie wieder nach Deutschland zurückkommen?

Deutschland ist meine Heimat. Dort bin ich fest verwurzelt. Und ich bin viel zu verliebt in diese Heimat, als dass ich ihr einfach so den Rücken kehren könnte.

*Wollen Sie sich nach einer Rückkehr auch wieder politisch engagieren?*

Ob eine Rückkehr mit einem politischen Engagement welcher Art auch immer verbunden sein wird, ist heute gänzlich offen. Dass ich ein politischer Mensch, ein zoon politikon, bleibe, steht außer Frage.

*Wenn Sie sich ganz neu ausrichten wollten, hätten Sie wahrscheinlich auch eins der Angebote aus der Wirtschaft angenommen.*

Vielleicht mache ich es auch noch.

*Was Sie gar nicht müssen.*

Das stimmt, ich bin in der erfreulichen Situation, finanziell unabhängig zu sein. Aber daraus erwächst weiterhin eine gewisse Verpflichtung, zumindest den Mund aufzumachen zu Dingen, die künftige Generationen betreffen. Und es gibt einfach genug, woran es in unserem Land weiterhin dramatisch hapert und wo mitunter Mutlosigkeit, ja sogar Feigheit in der Herangehensweise an notwendige Veränderungen festzustellen ist. Ich werde mich sicherlich weiterhin äußern. Ob das mit einer politischen Position verbunden sein wird, muss die Zeit zeigen. Es ist jedenfalls viel zu früh, um heute zu sagen, ob, wann, wie, in welchem Umfang und in welcher Umgebung ich wieder in die Politik zurückkehre.

*Unter welchen Umständen könnten Sie sich denn eine Rückkehr in die deutsche Politik vorstellen?*

Bisher ist ja fast jeder mit dem Ansinnen gescheitert,

politische Geschehnisse vorherzusagen. Das gilt auch für mich. Ich bin zur Tagespolitik auf Distanz gegangen und kann mich wieder etwas mehr mit den größeren Zusammenhängen befassen.

Und dann eines Tages in ein Amt zurückkehren?

Noch einmal: Ich schließe nichts aus, aber es gibt bislang keine konkrete Intention. Aber ich werde mit Sicherheit in mein Heimatland zurückkehren und ein politischer Kopf bleiben.

Ist das auch vor der Wahl im Jahr 2013 denkbar?

Das ist so eine klassische Frage, wie man sie von Günther Jauch gestellt bekommen würde.

Und was würden Sie Herrn Jauch dann sagen?

Er würde etwa folgende politische Antwort bekommen: Das Jahr 2013 wird vielen anderen die Schweißperlen auf die Stirn treiben. Warum soll ich vorauseilend über Schweißperlen sprechen?

Sie schließen also eine politische Rückkehr nach Deutschland vor 2013 aus?

Es gibt nichts Langweiligeres für einen ehemaligen Politiker, als auf Ausschlussfragen zu antworten. Ich hatte gehofft, dass das neue Leben neue Fragen zu bieten hat.

Sie halten sich alles offen.

Ja.

Haben Sie Hoffnung, dass die Partei, der Sie angehören, in der Koalition, die jetzt an der Regierung ist, auch die nächste Bundestagswahl überleben wird?

Die Partei wird die nächste Bundestagswahl mit großer Sicherheit überleben. Wenn die Koalition sie überleben will, muss sie sich enorm anstrengen.

Was Sie offenbar bezweifeln.

Da ist zumindest der Aufruf zur Anstrengung nötig. Schuldenkrise, Sicherheitskrise, man muss auch von politischen Führungskrisen sprechen, in Deutschland und anderswo. Selbst in Deutschland haben wir eine gewisse Form der Demokratiekrise. Sie können das am Wahlverhalten festmachen, aber auch an der Neigung, seinen Protest anders zum Ausdruck zu bringen, zum Beispiel, indem man sich im Internet hinter einer anonymen Fassade versteckt. Das spricht nicht gerade für eine florierende demokratische Grundhaltung. Auch in und gegenüber Europa sind demokratische Werte wie Transparenz und Mitwirkung gefährdet.

Aber hatte Norbert Lammert dann nicht ein bisschen Recht, als er die Affäre um Ihre Doktorarbeit offenbar als »Sargnagel für das Vertrauen in unsere Demokratie« bezeichnet hat? Sie haben viele Erwartungen enttäuscht und dem politischen Betrieb damit bestimmt keinen Gefallen getan.

Ein Sargnagel braucht immer jemanden, der den Hammer hält und den Sargnagel einschlägt. Diese Rolle würde ich dem Autor des Satzes zugestehen. Das war wirklich unglaublich.

Ihr Vater hat gesagt, Sie seien einer Menschenjagd ausgesetzt gewesen. Sehen Sie das auch so?

Lebewesen, die gejagt werden, bauen nur noch auf ihre Instinkte. Auch ich musste mich zeitweilig auf meine Instinkte verlassen. Eines ist den Jägern nicht gelungen: mich endgültig zur Strecke zu bringen oder dauerhaft aus dem Revier zu vertreiben.

Werden Sie nächstes Jahr wirklich nach Aachen reisen, um die Laudatio auf den Ordensritter wider den tierischen Ernst zu halten?

Ja, es gibt zwei Dinge, die ich in meinem politischen Leben immer wiederholt habe: Ich gebe keine politischen Versprechen ab, weil ich die selbst nie hören konnte. Und wenn ich nicht-politische Versprechen gebe, dann halte ich die. Ein solches Versprechen habe ich dem Aachener Karnevalsverein gegeben. Also werde ich da sein.

Wie könnte es Ihnen gelingen, Glaubwürdigkeit und Seriosität zurückzugewinnen?

Indem ich sie mir nicht absprechen lasse – und weiterhin für die Dinge stehe, die mir wichtig sind. Ich habe in den letzten Jahren Prinzipien vertreten und von diesen brauche ich nicht Abschied zu nehmen, auch wenn ich selbst einmal fehle oder scheitere. Wer fällt, muss auch wieder aufstehen können, und genau das tue ich jetzt mit großer Motivation.

Für welche Prinzipien wollen Sie weiterhin stehen?

Tiefe, Leistungsbewusstsein und die Notwendigkeit, sich für das Leben künftiger Generationen zu engagieren. An diesem Engagement wird es nicht mangeln. Jetzt stehe ich am Beginn eines neuen Lebensabschnittes. Langsam freue ich mich auf ihn. Und die Kräfte kehren wieder zurück.